ALL ABOUT
HISTORY

萤火虫
REFLY

HISTORY *of the*

SLAVE TRADE

奴隶贸易史

［英］
丹·皮尔

编著

张建威
译

I AM I NOT A MAN AND A BROTHER?

中国画报出版社 · 北京

图书在版编目（CIP）数据

奴隶贸易史 /（英）丹·皮尔编著；张建威译. --
北京：中国画报出版社, 2022.12
（萤火虫书系）
书名原文：ALL ABOUT HISTORY:HISTORY OF THE
SLAVE TRADE
ISBN 978-7-5146-2159-4

Ⅰ. ①奴… Ⅱ. ①丹… ②张… Ⅲ. ①奴隶贸易—史
料—世界 Ⅳ. ①F119

中国版本图书馆CIP数据核字(2022)第170065号

⌐ ⌐ L
| FUTURE
⌐ L ⌐

北京市版权局著作权合同登记号：01-2022-4199

奴隶贸易史

【英】丹·皮尔 编著 张建威 译

出 版 人：方允仲
审　　校：崔学森
责任编辑：李　媛
内文排版：郭廷欢
责任印制：焦　洋

出版发行：中国画报出版社
地　　址：中国北京市海淀区车公庄西路33号　邮　　编：100048
发 行 部：010-88417360　010-68414683（传真）
总编室兼传真：010-88417359　版权部：010-88417359

开　　本：16开（787mm×1092mm）
印　　张：11.25
字　　数：198千字
版　　次：2022年12月第1版　2022年12月第1次印刷
印　　刷：北京汇瑞嘉合文化发展有限公司
书　　号：ISBN　978-7-5146-2159-4
定　　价：68.00元

追溯"奴隶贸易史"

　　跨大西洋奴隶贸易是人类历史上最可耻的篇章之一。据估计，1500—1900年，约有1200万名非洲男女和儿童被欧洲人从他们的家园中掳走，强行运到数千英里之外的大西洋彼岸。那些度尽劫波穿越恐怖"中间航道"（Middle Passage）的幸存者将被待价而沽，骨肉分离，在遍布新大陆的种植园中沦为奴隶。虽然这种惨无人道的贸易最终在19世纪得以废除，但它所重创的累累伤疤犹在，世界各地依旧能感受到其阴魂不散的影响。这本《奴隶贸易史》将带您回首跨大西洋奴隶贸易从起源到废除的往事，揭示非洲大陆遭受的无妄之灾，感触中间航道波峰浪谷间汹涌着的恐怖，体验数以百万计的奴隶梦魇般的生活，探究劣迹斑斑的奴隶制给世人留下的罪恶遗产。

目 录

⑥ 跨大西洋奴隶贸易时间线

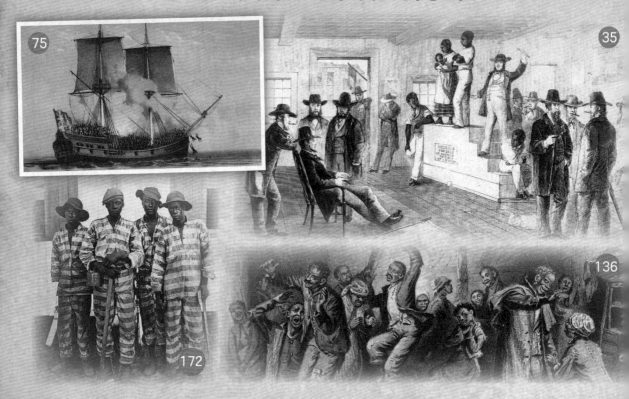

贩奴往事

14　跨大西洋奴隶贸易起源

20　1619 年詹姆斯敦俘虏

34　北美奴隶制

52　加勒比海地区和南美洲奴隶制

58　英国黑暗历史

奴隶人生

71　戴着枷锁上路

84　囚禁岁月

98　非洲之灾

自由之战

109　美国开国元勋与奴隶制

114　丧钟为奴隶制而鸣

124　弗雷德里克·道格拉斯：从奴隶到政治家

135　起义与反抗

144　结束"特殊制度"之战

152　赢得战争与丢掉和平

奴隶贸易孽债

161　漫漫自由路

172　自由乐土？

跨大西洋奴隶贸易时间线

欧洲经济的发展和美洲资源的开发
助长了非洲奴隶贸易的出现

◆

▲ 第一个已知的英国奴隶贩子约翰·霍金斯（John Hawkins）爵士建立了跨大西洋三角贸易路线

约翰·霍金斯爵士开创英国奴隶贸易

1562—1569 年

贸易路线：英国—非洲—新大陆

约翰·霍金斯爵士组织过从英国到西非海岸塞拉利昂，然后再到伊斯帕尼奥拉岛[①]的三次航行。人们认为他是首个积极参与跨大西洋贩奴的英国人。他的航行开辟了三角贸易路线，该路线进而成为持续两个多世纪之久的标准贩奴线路。帆船满载货物从英国和其他欧洲国家港口启航，到非洲海岸交换奴隶，再通过臭名昭著的中间航道穿越大西洋把奴隶运到新大陆，将其作为劳工卖给那里的种植园主，随后将棉花、蔗糖、朗姆酒、烟草和咖啡等商品运回欧洲，完成三角运输之旅。

▲ 交易中的葡萄牙奴隶贩子在向一位非洲国王致敬

① Hispaniola，又名海地岛，是加勒比海中第二大岛，仅次于古巴，分属今海地和多米尼加两国。——译注

▲ 奴隶贩子彼得·法尼尔（Peter Faneuil）建造的美国波士顿地标性建筑法尼尔厅。他在其附近举办过奴隶拍卖会

马萨诸塞湾奴隶制合法化

1641 年 12 月 10 日

■ 马萨诸塞湾波士顿

身为奴隶主的约翰·温斯洛普（John Winthrop）总督是北美第一部使奴隶制合法化的法律汇编《马萨诸塞湾自由典则》（Massachusetts Bodies of Liberty）的主要制定者。1624 年，塞缪尔·马弗里克（Samuel Maverick）把两名奴隶带到这块英国殖民地，而第一批从非洲直接运往马萨诸塞湾的奴隶于 1634 年抵达。1638 年，"欲望"（Desire）号贩奴船将非洲奴隶从加勒比海的巴巴多斯运到这里，用来交换在新英格兰被捕为奴的佩克特（Pequot）部落成员。1755—1764 年，奴隶数量已占马萨诸塞湾总人口的 2.2%。

▲ 身为奴隶主的马萨诸塞湾总督约翰·温斯洛普是该殖民地奴隶制合法化法律的始作俑者

詹姆斯敦引进奴隶

1619 年 8 月 20 日

■ 弗吉尼亚詹姆斯敦

一艘名为"白狮"（White Lion）号的英国私掠船从加勒比海启航，抵达康福角（Point Comfort），即今日离弗吉尼亚州詹姆斯敦不远的汉普顿锚地（Hampton Roads）。那里是北美第一个永久性英语殖民地。他们用 20 名非洲奴隶交换食物和其他补给。这 20 个人也就成了英国北美殖民地的首批奴隶。在长达 400 年的时间里，估计有 1200 万—1300 万非洲奴隶被欧洲商人带到北美和南美，充当农工、家仆和苦力。

▼ 1619 年，乘坐"白狮"号抵达弗吉尼亚詹姆斯敦的非洲奴隶蜷缩在海岸上

▲ 在殖民地弗吉尼亚，烟草成了一种利润丰厚的经济作物。奴隶劳作在烟草生产中发挥了重要作用

人性枷锁

数千年来，奴隶制或强制劳役始终是文明的一个因子

从最早的历史记载可以看出，奴隶制或强制劳役的存在由来已久。它逾越了文化轭缚和道德约束，对人类残虐不仁，进而敲骨吸髓，驾驭屈从驯服的民众。

随着社会阶层的出现，奴隶制在苏美尔和美索不达米亚发展起来，甚至连《汉谟拉比法典》都提及这种制度的初衷和社会地位。奴隶制在文明社会中的衍生源于对劳动的需求，而奴役的结果无疑有助于财富的增加和地位的提升。

奴隶要么在突袭中被俘，送到市场上作为商品出售；要么在王国或帝国之间的战争中沦为阶下囚，作为战利品遭到奴役或呈送给君主或社会地位较高的人；要么因罪大恶极而受到相应的惩罚。

有记载的苏美尔人奴役行径可以追溯到公元前 3500 年。《圣经》中有关奴隶的内容，尤其是上帝把希伯来人从埃及人的奴役中解救出来的描述比比皆是。奴隶制给罗马帝国的辉煌和古希腊的璀璨蒙上了阴影。古代亚洲文化中的奴隶制和强制劳役的实例证明，这种做法不仅仅局限于西方文明。跨大西洋贩奴延续数百年之久，而在此之前奴役之举早就令人闻风丧胆、不寒而栗了。事实上，许多非洲王国极端看重奴隶制，甚至尊崇对战败邻国进行奴役的做法。因此，奴隶制和文明本身一样古老，是人性染上的一种痼疾，与人类相伴相生，形影相吊。

▲ 戴着镣铐踽踽前行的罗马奴隶被带向一个生死未卜但在劫难逃的未来

皇家非洲公司获得特许权

1672 年 9 月 24 日

英国伦敦

国王查理二世授予皇家非洲公司特许权，从而使该公司实际垄断了从好望角到西撒哈拉沙漠的非洲西海岸英国奴隶贸易。皇家非洲公司由国王查理二世之弟、未来的国王詹姆斯二世约克公爵掌管。在众多贵族投资者的资助下，该公司向美洲运送的非洲奴隶数量比史上经营跨大西洋奴隶贸易的任何一个公司都要多。

▲ 国王查理二世授予其弟、未来国王詹姆斯二世皇家非洲公司的管理权

格兰维尔·夏普（Granville Sharp）运用法律武器向英国奴隶贸易发起挑战

1765 年

英国伦敦

杜桑·卢维杜尔（Toussaint L'Ouverture）领导圣多明戈（Saint Dominigue）奴隶起义

1791 年

法国加勒比海殖民地圣多明戈

发明轧棉机

1794 年

乔治亚州萨凡纳

第一次黑奴战争

1728—1740 年

牙买加

加勒比海牙买加岛受西班牙统治，岛上奴隶逃亡之事时有发生。奴隶们会跑到山区和偏远地区，与土著人混居在一起，保有一定程度的自由。然而，1655 英国从西班牙手中夺得牙买加的控制权后，起义接二连三爆发，所谓的"逃亡黑奴"（maroon）数量不断增加。英国平息骚乱并控制整个岛屿的企图升级为第一次黑奴战争。英国投入大量军队想要平息叛乱，并最终达成了一项协议，允许逃亡黑奴在不受英国干预的情况下生活在某些地区。作为交换，逃亡黑奴要陆续回归以保护牙买加免受外部威胁。

▲ 这名武装起来的牙买加逃亡黑奴是反对英国统治的典型代表

▲ 牙买加黑奴向行进在丛林中的一队英国士兵开火

斯托诺起义爆发

1739 年 9 月 9 日

南卡罗来纳

杰米（Jemmy）也叫加图（Cato），是一名识字的奴隶。他带领 20 名奴隶在南卡罗来纳低地海岸一带发动起义。及至斯托诺（Stono）河畔的种植园，杰米的队伍已经壮大到 80 多人。他们一路上杀掉 25 名殖民者，拼命向佛罗里达奔去，因为西班牙人承诺凡是逃离英国魔掌的奴隶在佛罗里达都能获得自由。然而，南卡罗来纳民兵在埃迪斯托（Edisto）河附近截住了逃亡奴隶们的去路，杀害了 35—50 人，起义被镇压下去。

▲ 百老汇演出剧目《鼓手》（Drumfolk）的创作灵感就来自斯托诺起义事件

《奴隶贸易法案》

1807 年 3 月 25 日

英国伦敦

1807 年，英国议会通过了《奴隶贸易法案》（Slave Trade Act），这在很大程度上归功于 20 年前威廉·威尔伯福斯（William Wilberforce）及其同僚发起的废除英国奴隶制行动。虽然该法案禁止大英帝国从事奴隶贸易，但并未废除奴隶制，而且英国还敦促其他国家考虑解除对奴隶贸易的制裁。该法案通过时，奴隶贸易仍然是大英帝国最有利可图的商业活动之一，但直到 1833 年《废除奴隶制法案》（Slavery Abolition Act）出台，英国才给奴隶制正式画上句号。

▲ 这幅版画描绘的是 1831 年 10 月 30 日奴隶起义者纳特·特纳被捕时的场景

▲ 这枚看上去令人心酸的徽章成为英国反奴隶制协会的象征。下方环绕的绶带上写着："我不是人，也不是你的兄弟吗？"

▲ 威廉·威尔伯福斯一直在为废除英国奴隶制而不懈努力

纳特·特纳起义

1831 年 8 月 21—23 日

弗吉尼亚州南安普敦县

奴隶传教士纳特·特纳（Nat Turner）领导了堪称美国历史上最著名的奴隶起义。特纳和大约 70 名奴隶手持斧头和棍棒杀掉了 50 多名白人。虽然起义在短短数日内就在贝尔蒙特（Belmont）种植园被平息下去，但特纳脱逃达两个月之久。在白人的疯狂报复行动中，他遭到逮捕并被处决，此外还有约 160 名黑人被弗吉尼亚州处死或刺杀。

▲ 这幅木刻画描绘的是弗吉尼亚州纳特·特纳奴隶起义。上方标题是"弗吉尼亚州可怕的大屠杀"

美国禁止贩卖非洲奴隶
1808 年
华盛顿特区

西班牙废除奴隶贸易
1820 年
西班牙马德里

英国议会通过《废除奴隶制法案》
1833 年
英国伦敦

认清奴隶制
形形色色的奴隶制和强制劳役存续了数个世纪

　　奴隶制虽然叫法不一且披着种种貌似合法的外衣，但就其本质而言，就是为了实现自身利益而采取强制或拘禁方式逼迫他人服苦役的一种制度。

　　诚然，有人抛出过这样荒谬的观点，即被奴役人民是奴隶制的实际受益者，因为本来就啼饥号寒的他们反正也无法驾驭自己的未来。同时也有人声称，奴隶制是一个造福社会的必要工具。因此，数千年来奴隶制花样翻新，层出不穷。

　　受奴役者中有被粗暴扣押和出售的人，也有在战争期间被俘而被迫为胜利者服役的人。当然，也有人认为自己的孩子能为统治政权终身效力是家门之幸。

　　除此之外，殖民地时代的劳役契约允许个人付清前往美洲旅费并为他人服役一段时间（通常为7年）后自谋生路。向社会赎罪的囚犯经常会充当苦力，而那些债台高筑、欠债不还的人有时也会被判为奴隶。

　　时至今日，奴隶制依然存在。全世界数以百万计的男女老幼依旧戴着无形的枷锁被迫做着与自己意愿相悖的事情。尽管政府和执法部门不遗余力铲除这一古老孽根，但以廉价劳动力和非法性交易为目的的人口贩运仍然阴魂不散。

▲ 这幅触目惊心的《奴隶市场》画作描绘了卖身为奴者的绝望

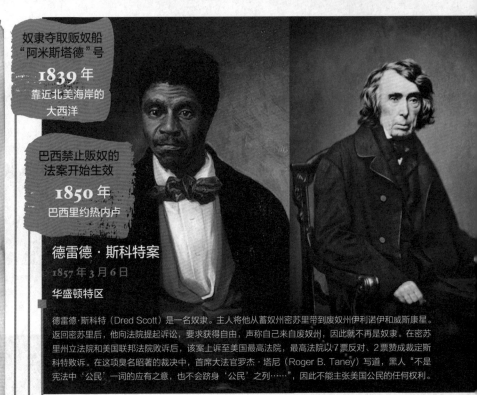

奴隶夺取贩奴船"阿米斯塔德"号
1839年
靠近北美海岸的大西洋

巴西禁止贩奴的法案开始生效
1850年
巴西里约热内卢

德雷德·斯科特案
1857年3月6日
华盛顿特区

德雷德·斯科特（Dred Scott）是一名奴隶。主人将他从蓄奴州密苏里带到废奴州伊利诺伊和威斯康星。返回密苏里后，他向法院提起诉讼，要求获得自由，声称自己来自废奴州，因此就不再是奴隶。在密苏里州立法院和美国联邦法院败诉后，该案上诉至美国最高法院，最高法院以7票反对、2票赞成裁定斯科特败诉。在这项臭名昭著的裁决中，首席大法官罗杰·塔尼（Roger B. Taney）写道，黑人"不是宪法中'公民'一词的应有之意，也不会跻身'公民'之列……"，因此不能主张美国公民的任何权利。

▲ 奴隶德雷德·斯科特讨回自由案上诉到了美国最高法院　　▲ 首席大法官罗杰·塔尼在具有里程碑意义的德雷德·斯科特案判决中写下了多数意见

约翰·布朗突袭
■ 1859年10月16—18日
西弗吉尼亚州哈珀斯费里

▲ 在原址上重建的哈珀斯费里（Harpers Ferry）消防站　　▲ 不幸的废奴主义者约翰·布朗指挥了对哈珀斯费里联邦火库的突袭

废奴主义者约翰·布朗（John Brown）带领22人突袭了西弗吉尼亚州哈珀斯费里联邦军火库。布朗及其几名手下此前曾参与过反奴隶制暴力行动。他们被未来邦联将军罗伯特·E.李指挥的美国海军陆战队困在军火库消防站里。海军陆战队士兵一死一伤，10名袭击者死亡，7人被捕，5人逃跑。布朗被判叛国罪，1859年12月2日被处决。

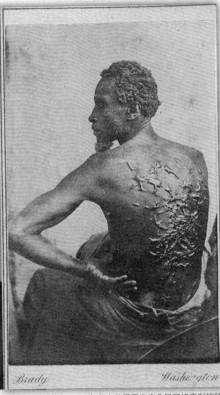

《解放黑人奴隶宣言》
1863 年 1 月 1 日
华盛顿特区

美国内战期间，继安提塔姆（Antietam）会战取得微弱战略胜利后，亚伯拉罕·林肯总统颁布了《解放黑人奴隶宣言》（The Emancipation Proclamation），形式上解放了当时美利坚联邦叛乱领土上的所有黑奴，但未脱离联邦的边境州马里兰、肯塔基和密苏里的奴隶不在其列，而且由于叛军领土未完全处于联邦控制之下，该宣言旨在开辟另外一个维度的战场。现在，这场南北冲突不仅是为了捍卫联邦，也是为了给美国的奴隶制送终。

▲ 1863 年 1 月 1 日，亚伯拉罕·林肯总统颁布了《解放黑人奴隶宣言》

▲ 奴隶戈登（Gordon）背上的累累伤疤凸显了奴隶制的残忍不仁

美国废除奴隶制
1865 年 12 月 6 日
华盛顿特区

美国 36 个州中的 27 个批准《美国宪法第十三条修正案》，废除美国的奴隶制和强制劳役，但作为对犯罪的惩罚除外。该修正案最初于 1864 年 4 月 8 日提出，参议院以 38 票对 6 票批准，但众议院的表决结果却是 93 票赞成、65 票反对，比所需三分之二多数票少 13 票而未获通过。

六月节（Juneteenth）纪念奴隶制的终结
1865 年 6 月 19 日
美国

邦联军主力投降 美国内战结束
1865 年
弗吉尼亚州阿波麦托克斯（Appomattox）法院大楼，
北卡罗来纳州达勒姆市（Durham）贝内特（Bennett）广场

葡萄牙关闭通往美洲的最后一条贩奴线路
1870 年
葡萄牙里斯本

巴西成为美洲最后一个结束奴隶制的国家
1888 年
巴西里约热内卢

▲ 美国众议院议员庆祝《美国宪法第十三条修正案》获得批准

▲ 1863 年，俄亥俄州众议员詹姆斯·米歇尔·阿什利（James Mitchell Ashley）提出废除奴隶制宪法修正案

▲ 《美国宪法第十三条修正案》只是美国内战结束后制定的三项修正案中的第一项

贩奴往事

从起源到废止，走进跨大西洋奴隶贸易历史

14　跨大西洋奴隶贸易起源

20　1619 年詹姆斯敦俘虏

34　北美奴隶制

52　加勒比海地区和南美洲奴隶制

58　英国黑暗历史

跨大西洋奴隶贸易起源

揭秘史上鲜为人知的最黑暗贸易

斯科特·里夫斯

眼见此行一帆风顺，大功告成，水手弗朗西斯科·德·罗萨（Francisco de Rosa）站在"圣玛丽亚·德拉卢兹"（Santa Maria de la Luz）号甲板上，心满意足地眺望着远处的新大陆。他从距离今日西非毛里塔尼亚海岸不远的小岛阿尔金（Arguim）启航，劫波度尽越过大西洋，满载一批贵重货物安全抵达波多黎各。在这些货物中，至少有54名非洲奴隶要在大洋彼岸被待价而沽。

1520年德·罗萨的这次航行是已知的从非洲直航美洲的第二次贩奴船之旅。一年前指挥进行首次贩奴直航的或许也是他，那次贩运的奴隶至少有60人。这是人类历史上最早的令人不寒而栗的奴隶贸易航行。跨大西洋奴隶贸易由此肮脏地滥觞开来。400年后跨洋贩奴终结之时，已有超过1200万非洲人被强行运往大洋彼岸。

尽管距离并不遥远，但15世纪初的欧洲人对地中海以外的非洲大陆知之甚少。只有当西班牙卡斯提尔（Castilians）王国和葡萄牙水手掌握了大西洋洋流和风向规律的时候，他们才能乘坐小型可操控快帆船开始

当欧洲人将被奴役的非洲人当作劳力贩卖到大西洋彼岸的新大陆时，跨大西洋奴隶贸易便应运而生

非洲的其他奴隶贸易

当欧洲探险家第一次南下来到非洲西海岸时，奴隶制已经在非洲社会盛行。因犯罪、欠债遭到惩处或在部落冲突中被俘，都可能沦落为奴。然而，非洲奴隶与那些不幸成为大西洋彼岸动产奴隶的人地位不同。前者或多或少拥有一些权利，比如可以拥有财产和担任公职。当7世纪伊斯兰教在非洲传播时，阿拉伯商人开始向南寻找新兴市场与合作伙伴。这些先行者发现了途经维系生命的绿洲而穿越撒哈拉沙漠的路线，旅程的终点通常是今日摩洛哥和突尼斯的西吉尔马萨（Sijilmasa）或凯鲁万（Kairouan）。每年都有数千名奴隶被带着穿越撒哈拉沙漠，到北非及伊斯兰世界充作劳工、用人和侍妾。

▲ 在欧洲人到来之前，阿拉伯奴隶贩子贩运非洲奴隶的勾当已经干了几个世纪

向南方探险。1402年，卡斯提尔人征服加那利（Canary）群岛；1419年，葡萄牙探险家登上无人居住的马德拉（Madeira）群岛，1427年占据亚速尔（Azores）群岛，1456年发现佛得角。

这些岛屿气候宜人、土壤肥沃，非常适合生产葡萄酒和蔗糖，于是拓荒殖民者很快接踵而至定居下来，不过他们却把在岛上谋生所需的艰辛体力活留给了他人。尽管加那利群岛的土著关切人（Guanches）是理想的劳动力，但人数毕竟有限，于是他们很快便着手寻觅替代来源。除绘制东大西洋水域图外，航海家们还沿着非洲海岸向南航行，1441年越过之前已知的博哈多尔（Bojador）角到达布兰科（Blanco）角，1443年抵达阿尔金湾，1444年到达维德（Cap-Vert）角。在那里，他们偶然发现了一个存续数百年的贸易网络：西非国家向阿拉伯商人出售奴隶，然后穿越撒哈拉沙漠将他们运往北非。

跨撒哈拉沙漠奴隶贸易的暴利意味着欧洲人发现的西非地区极其富裕。及至14世纪，马里帝国的规模已经超过西欧。1324年，国王曼萨·穆萨（Mansa Musa）前往麦加朝觐途中到访开罗，据称他的随行队伍浩浩荡荡，足有6万人之多，其中1.2万人是手持金条为其买路的奴隶。他们一行携带的财富之巨引发了金价暴涨，进而通货膨胀，致使此访之后的10多年间黄金一路贬值。一个多世纪后，松海（Songhai）帝国的阿斯基亚（Askia）大帝也完成了一次类似的奢华朝觐之旅，而刚果王国则

在第一批探险家从大洋彼岸返回、绘声绘色地讲述了新大陆大片无主土地的故事后，对奴隶的需求陡然激增。

▲ 非洲部落通常会把邻近部落的人抓来用作奴隶

是一个坐拥50万人口的富裕贸易国，首都姆班扎（M'banza）-刚果给世人留下了难以磨灭的印象。

正是这些繁盛和黄金的传说吸引欧洲探险家飞蛾扑火般来到非洲海岸，急不可耐地与富有的统治者进行交易。1445年，葡萄牙人在今日毛里塔尼亚海岸附近一个避风港的小岛上建起贸易站。阿尔金岛为商人提供了一个基地，从那里他们可以购得黄金和包括奴隶在内的其他商品，随后在欧洲和东大西洋的海岛殖民地卖个好价钱。到1455年，每年有多达800名奴隶从阿尔金岛运往葡萄牙。时至世纪之交，约有8.1万名奴隶被葡萄牙船只从非洲海岸运走，10%的里斯本人可能都是非洲或非洲人后裔。

欧洲及其殖民地把非洲人作为劳动力使用，构成了对来自西非贸易港口的奴隶少量但稳定的需求。然而，在第一批探险家从大洋彼岸返回、绘声绘色地讲述了新大陆大片无主土地的故事后，对奴隶的需求陡然激增。

1492年，克里斯托弗·哥伦布发现了今天海地和多米尼加共和国所在的伊斯帕尼奥拉岛。这里是数十万原住民泰诺人（Taíno）的家园。然而，西班牙人的殖民充斥着暴力。任何与征服者作对的原住民都遭到冷血屠戮，而对欧洲疾病没有免疫力的泰诺人集体破防，承受了灭顶之灾。伊斯帕尼奥拉和波多黎各首次爆发的天花疫情夺走了约2/3原住民的生命。在短短30年内，原住民数量下降约85%。西班牙人口普查数据表明，截至1514年，西班牙治下的泰诺人仅有2.6万人。倘若没有人出力，西班牙人在新大陆发现的金矿和农田将毫无用处。

这种状况在加勒比海地区悲剧性地重新上演。在西班牙扩张的最初二三十年间，该地区海岛上死亡的土著居民多达数百万人。由于当地劳动力匮乏，西班牙人把奴隶从非洲西海岸运到欧洲，然后再从那里运往新大陆。已知第一批登陆美洲的非洲奴隶于1502年抵达伊斯帕尼奥拉岛，1513年有4名非洲奴隶从欧洲被运往古巴。鉴于西班牙人已经失去了当地劳动力，他们的解决方案便是从大洋彼岸再运来一批。

1518年8月18日，西班牙国王查理一世颁布特许状，授权将奴隶从非洲直运美洲，从而残忍地提升了跨大西洋新奴隶贸易的效率。该特许状准许参政院成员、颇得国王信赖的资政洛伦佐·德·戈雷沃德（Lorenzo de Gorrevod）将"4000名男女黑奴用船直接从几内亚群岛和其他他们惯用的黑奴转运口岸运往已经发现和有待发现的印度群岛、岛屿及大陆"。

这份特许状是对忠心耿耿的德·戈雷沃德的最好奖掖，等于给他创造了利用新贸易线路大发横财的良机，但他本人无意直接参与人口贩运。国王给他的授权一再被转包转售，直到落入热那亚商人多明戈·德·福纳里（Domingo de Fornari）、两名卡斯提尔商人胡安·德拉托雷（Juan de la Torre）和胡安·费尔南德斯·德·卡斯特罗（Juan Fernandez de Castro）以及一名总部位于塞维利亚（Seville）的热那亚银行家加斯帕尔·逊邱伦（Gaspar Centurion）之手。他们安排不同的水手将4000名非洲奴隶从大西洋此岸运至彼岸，至少进行的4次航行分别在1519年、1520年（弗朗西斯科·德·罗萨指挥）、1521年5月和1521年10月。每次都从

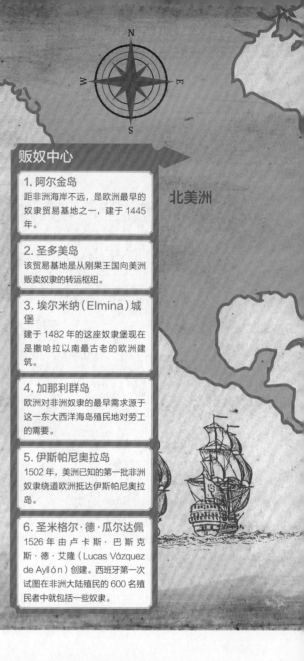

贩奴中心

1. 阿尔金岛
距非洲海岸不远，是欧洲最早的奴隶贸易基地之一，建于1445年。

2. 圣多美岛
该贸易基地是从刚果王国向美洲贩卖奴隶的转运枢纽。

3. 埃尔米纳（Elmina）城堡
建于1482年的这座奴隶堡现在是撒哈拉以南最古老的欧洲建筑。

4. 加那利群岛
欧洲对非洲奴隶的最早需求源于这一东大西洋海岛殖民地对劳工的需要。

5. 伊斯帕尼奥拉岛
1502年，美洲已知的第一批非洲奴隶绕道欧洲抵达伊斯帕尼奥拉岛。

6. 圣米格尔·德·瓜尔达佩
1526年由卢卡斯·巴斯克斯·德·艾隆（Lucas Vázquez de Ayllón）创建。西班牙第一次试图在非洲大陆殖民的600名殖民者中就包括一些奴隶。

北美洲

阿尔金岛出发，在波多黎各登陆，不过很可能还有其他船只将奴隶从阿尔金运往伊斯帕尼奥拉。1518—1530年，从佛得角到加勒比海至少有6次贩奴航行。

到1522年，贩奴直航有了新启航地，即距离非洲海岸约2000英里[①]、与今日加蓬相对的圣多美岛（São Tomé）。1522年，一艘载有139名奴隶的船只横渡大西洋；1529年，另一艘奴隶船载员多达248人。第一批非洲奴隶

---

① 1英里约为1.609千米。

跨大西洋三角贩奴路线

早期跨大西洋贩奴源自其他更为古老的奴隶贸易

欧洲

非州

南美洲

其他贩奴线路

1. 穿越撒哈拉沙漠线路

700—1900 年

阿拉伯商人利用撒哈拉沙漠中的绿洲将奴隶从瓦加杜（Wagadou）和马里帝国运送到今摩洛哥和突尼斯所处的阿拉伯王国。

2. 克里米亚汗国（Crimean Khanate）线路

700—1900 年

蒙古帝国的克里米亚继承者与奥斯曼帝国进行交易，向他们供应来自东欧和俄国西北部的俘虏。

3. 瓦兰吉（Varangian）—伏尔加线路

800—1100 年

居住在北欧的维京人在对伏尔加河沿岸袭扰过程中奴役斯拉夫人，并将他们卖给南部的拜占庭或阿拉伯买家。

贩奴路线 除跨大西洋三角贩奴线路外，在欧洲殖民美洲之前也有贩奴线路，比如穿越撒哈拉沙漠的阿拉伯奴隶贸易线路。

1. 三角贸易发端

三角贸易始于欧洲制成品运到非洲，在那里交换奴隶。

2. 中间航道

奴隶贸易运输过程中臭名昭著的是穿越大西洋6—8 周的航程。奴隶们被困在极度拥挤和肮脏不堪的环境中，致使许多人在途中丧生。

3. 形成三角闭环

种植园奴隶生产的诸如棉花、蔗糖、橡胶和烟草等被运回欧洲工厂。

于1526年抵达北美大陆。这是时运不济的西班牙殖民圣米格尔·德·瓜尔达佩（San Miguel de Gualdape）的一次尝试，而墨西哥坎佩切（Campeche）的公墓里埋葬的非洲人则表明在埃尔南·科尔特斯（Hernán Cortés）征服阿兹特克和玛雅帝国时，非洲奴隶就被运到了中美洲。

跨大西洋奴隶贸易就此诞生，虽然初始势单力薄，但越洋贩奴数量与日俱增。英国贩奴船后来居上，很快就让伊比利亚的先行者相形见绌，仅在18世纪就运送了数百万奴隶。

奴隶贸易留下的创伤至今未愈。虽然殖民地奴隶的付出助力欧洲列强华丽转身，成为富裕的工业化国家，但非洲人民自身的生活和经济却停滞不前，落后于世界其他地区。欧洲日益增长的需求意味着贩卖奴隶的非洲统治者需要越来越多的现成奴隶劳动力供给，从而引发非洲大陆动荡不安，内战频仍，部落冲突不断。非洲人口散居美洲各地，但根深蒂固的种族偏见在奴隶贸易结束之后仍在持续发酵，直至影响到21世纪的当今世界，而美国的种族歧视尤其甚嚣尘上。延续400余年跨大西洋奴隶贸易的孽毒无疑是地理大发现时代意外结出的恶果。

1619 年
詹姆斯敦俘虏

非洲奴隶的不期而至让我们窥见了殖民地早期奴隶制的样貌

———— ● 斯科特·里夫斯 ● ————

▲ 非洲俘虏在弗吉尼亚登陆是非洲裔美国人故事和北美奴隶制中的标志性事件

1619年8月下旬，大西洋中部海岸一个典型的潮热夏日，一艘帆船驶入康福港，在詹姆斯河抛锚。尽管悬挂着荷兰国旗，但这艘私掠船却是不折不扣的英国船。它携有一封可以攻击西班牙和葡萄牙贸易商的捕押特许证。船名叫"白狮"，船主是沃里克（Warwick）伯爵罗伯特·里奇（Robert Rich），船长是一名康沃尔人（Cornish）。他们此行的目的地是殖民地弗吉尼亚最大也是最重要的定居点詹姆斯敦。

约翰·罗尔夫（John Rolfe）对此次航行情况做了记录。这名殖民者在史上更为人们所熟知的身份是美国原住民公主波卡洪塔斯（Pocahontas）的丈夫。波卡洪塔斯于两年前的1617年去世。据罗尔夫记载，"白狮"号船长约翰·乔普（John Jope）"只带来了20多个黑人，总督和当地商人装作自己的食品也非常紧缺，于是以最优惠价格轻而易举地用食品换得了这些黑人"。

这是非洲裔美国人故事的传统开篇，一代又一代的美国儿童都曾在教科书上读到过，然而，

21

史实却不尽相同。虽然大众文化通常把1619年视为美国黑人历史和奴隶制的发端，但"20多个黑人"登陆詹姆斯敦只是臭名昭著的北美奴隶制漫长形成过程中的一小步，尽管这一小步极其重要。

可以肯定地讲，非洲人远渡重洋被带到大西洋彼岸完全违背他们的意愿。讲金邦杜语（Kimbundu）的恩东戈（Ndongo）王国位于今日安哥拉卢卡拉（Lukala）河与宽扎（Kwanza）河流域之间，过的是从部落管辖的村镇发展起来的都市文明生活。国王和他的5万名臣民住在首都卡巴萨（Kabasa）。然而，当日益蚕食西非的葡萄牙人与恩东戈的敌对部落结盟时，纵然恩东戈人多势众，却也无法与之抗衡。1618年开始的一场军事行动把战火烧进了恩东戈腹地，数千名俘虏被押解数百英里徒步向海岸行进。在那里，他们登上了至少36艘伊比利亚奴隶船，其中一艘是葡萄牙船只"圣胡安·包蒂斯塔"（São João Bautista）号，有时西班牙人称之为"San Juan Bautista"。

穿越大西洋的航行造成了大量奴隶死亡。"圣胡安·包蒂斯塔"号上搭载了350名非洲人，约有150人在漫长航行中葬身海底。后来，当这艘船行至墨西哥湾坎佩切湾相对安全的地方、目的地韦拉克鲁斯（Veracruz）已经在望时，遭到"白狮"号和另一艘私掠船"司库"（Treasurer）号的伏击。英国人飞快地登上这艘笨重的奴隶船。尽管英国人盼着能抢到大量黄金，但不想空手而归的他们最终只好把剩下的大约50名非洲人带走。遭此一劫的"圣胡安·包蒂斯塔"号狼狈地驶向韦拉克鲁斯，两艘私掠船则起航前往弗吉尼亚的英国新殖民地，但大西洋波涛汹涌的海浪把它们冲散了。

"白狮"号在詹姆斯敦抛锚后，总督乔治·耶

▲ 在违背俘虏意愿的情况下，"白狮"号和"司库"号将他们运往大西洋彼岸

德利（George Yeardley）爵士和巨贾亚伯拉罕·皮尔西（Abraham Piersey）对船上的货物感到十分诧异，但还是把二十几个俘虏换到了手。4天后，"司库"号在附近的基科坦（Kikotan）村却受到了冷遇。一年前，船长丹尼尔·埃尔弗里斯（Daniel Elfrith）曾挂靠弗吉尼亚，造成当地痢疾大爆发而被千夫所指。埃尔弗里斯很快卸下了几个俘虏，换到急需的补给后扬长而去，把船上剩下的非洲人送往百慕大沃里克伯爵庄园。

"白狮"号上的非洲人从他们的家园被劫走，被迫踏上了危险的大洋航行，经过海上火并后得以幸存。现在，他们发现自己置身新的殖民地，就在詹姆斯河沼泽连片的孤岛之上。

建于1607年的詹姆斯敦远非伦敦投资者所期望的繁荣定居点。前3年，500名殖民者中只有60人幸存下来，证明土著人认为该岛不适合

▲ 烟草种植需要奴隶付出大量艰苦的劳作

人居住的说法是正确的。有证据表明，饥肠辘辘的幸存者可能在1609—1610年冬季开始吃人。鉴于这里是蚊虫滋生的沼泽地，疾病肆虐对人们构成了极大的威胁也就不足为怪。与包哈坦部落（Powhatan Confederacy）的紧张关系导致暴力袭击事件频发，也令这些殖民者感到如芒在背。

不过，短短数年，殖民者便成功地在新大陆站稳脚跟。1609年，约翰·罗尔夫带着从西班牙采购的一袋烟草种子从伦敦乘坐第三支补给船队抵达弗吉尼亚。他发现弗吉尼亚的土质非常适合种植烟草。这个苟延残喘的殖民地由此终于觅得一个发财之道。随着开疆拓土和种植面积的不断扩大，烟草行业迅速做大，进而经常激起当地土著部落的愤恨，因为他们认为土地归自己所有。于是，数百名未来的殖民者作为契约用人纷至沓来，完成了成本高昂的跨大西洋航行。这些移民同意为种植园主工作3—7年，以此换来免费航行、住所和食物。契约到期时，种植园主承诺给他们一笔钱或一块土地，使他们能够作为独立劳工开始全新的生活。

"白狮"号上的非洲俘虏也是对烟草种植园

许多早期殖民地的人口普查记录和文献只按种族而非姓名排列非洲人。

▲ 与西班牙征服者胡安·庞塞·德莱昂并肩作战的北美第一个非洲人比詹姆斯敦俘虏早到了一个多世纪

劳动力的有益补充。他们在非洲时的名字、使用的语言甚至连他们的国籍都不为人所知。许多早期殖民地的人口普查记录和文献只按种族而非姓名排列非洲人。极少数能被载入这类史册的奴隶用的也都是在"圣胡安·包蒂斯塔"号上或詹姆斯敦起的葡萄牙语或英语名字。

1620年3月，即"白狮"号和"司库"号在詹姆斯敦停泊之后几个月，当地进行了一次人口普查。据记载，有32名非洲人居住在弗吉尼亚，其中男性15人，女性17人。1624年，这一小部分非洲人口只剩下21人。尽管如此之高的死亡率令人震惊，但可能并不比同时代的白人死亡率高多少。虽然1622年包哈坦部落的袭击在一天之内就杀死了该殖民地1/4的人口，但不断爆发的疾病却是所有种族的殖民者都必须直面的现实威胁。

关于非洲人不堪回首的生活细节，只有只言片语留存至今。1619年抵达詹姆斯敦的俘虏

入侵恩东戈

詹姆斯敦第一批非洲人是如何登上葡萄牙奴隶船的?

在恩东戈俘虏抵达詹姆斯敦大约101年前,葡萄牙国王曼努埃尔一世接见了恩东戈王国国王恩戈拉·基卢安吉·基亚·桑巴(Ngola Kiluanji Kia Samba)派遣的使团。这位非洲统治者寻求从宗主国刚果王国中独立出来,请求基督教传教士到恩东戈传教,以期能与欧洲人结成联盟。然而,随着两国之间的关系日趋动荡,最终恩东戈人被运往大西洋彼岸。

在接下来的一个世纪里,葡萄牙人开始扩大他们在刚果和恩东戈的影响力,逐渐将沿海地区并入安哥拉殖民地,极尽干预和扰乱之能事,不断插手非洲事务。

当葡萄牙人与四海为家的伊姆班加拉人(Imbangala)勾连到一起时,他们竭力说服这些游牧掠夺者为葡萄牙国王效忠。有了这伙雇佣兵助纣为虐,路易斯·门德斯·德瓦康塞洛斯(Luis Mendes de Vasconcellos)总督得以在1618年入侵恩东戈。王国首都被洗劫一空,国王恩戈拉·姆班迪(Ngola Mbandi)被迫逃往宽扎河上的金东加(Kindonga)岛。

1621年,劫后余生的恩东戈人通过和平谈判结束了这场战争。此前,数千名恩东戈人被一路追杀的伊姆班加拉人俘获。他们被押送到海岸,部分人被迫登上"圣胡安·包蒂斯塔"号。再度上岸时,他们便已经流落到大西洋彼岸的詹姆斯敦。

▲ 欧洲商人通常不会直接去抓俘虏,而是购买非洲人出售的其他部落或民族的囚犯

中有一位名叫安吉洛(Angelo)或安吉拉(Angela)的女性。1625年的记载将其列为"'司库'号上的黑女人安吉洛",住在詹姆斯敦的威廉·皮尔斯(William Peirce)中尉家,可能与3名白人契约用人分担家务。2017年,詹姆斯敦考古学家在皮尔斯旧居遗址发现了一枚玛瑙贝。玛瑙贝是西非珍贵的器物,用作流通货币和在宗教仪式上使用。对皮尔斯的非洲仆人来说,这枚玛瑙贝或许具有非同寻常的意义。

名叫安东尼和伊莎贝拉的两个非洲人喜结良缘,住在詹姆斯敦附近的伊丽莎白城。他们为伦敦弗吉尼亚公司的股东威廉·塔克(William Tucker)船长打工。1624年,安东尼和伊莎贝拉生育一子,以雇主的名字给他起名为威廉·塔克。该婴儿是第一个出生在英国北美殖民地的非洲人后裔。

随后两个世纪,有无数黑人婴儿降生在北美殖民地和美国。然而与他们不同的是,威廉·塔克并非天生的奴隶。从"白狮"号和"司库"号上走下来的非洲人是按合同打工的契约仆人,而不是奴隶。弗吉尼亚议会认为没有必要将奴隶制写进殖民地法律,因此,非洲人与接受契约劳役条款的白人移民一样,享有同样的权利、义务和特许,当然也会受到同样的惩罚。虽然他们可能别无选择,只能接受劳役条款,但履约之后的非洲俘虏能获得25—50英亩[①]的土地,用来种植自

---

① 1英亩约为0.4047公顷。

▲ 摩洛哥人埃斯特瓦尼科是 1526 年圣米格尔·德·瓜尔达佩探险队中仅剩的 4 名幸存者之一

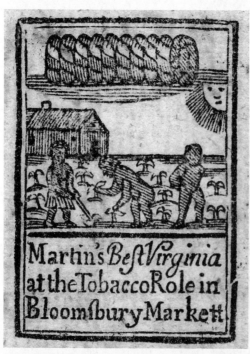

Martin's Best Virginia at the Tobacco Role in Bloomsbury Markett

▲ 约翰·罗尔夫发现弗吉尼亚土质非常适合种植烟草，从而为该殖民地带来了第一批有利可图的作物

己的烟草或其他作物，还会获得一些基本生活用品，以帮助他们度过作为自由劳工的第一年。不可否认的是，契约式劳役严酷繁重、痛苦不堪，公民自由受到限制，但它终究不是奴隶制。

一些非洲人利用早期法律的公平性在社会上挺直了脊梁。像北美大多数早期非洲人一样，我们不晓得安东尼·约翰逊（Anthony Johnson）在西非出生时的名字。1621 年，他搭乘"詹姆斯"号从伦敦驶往詹姆斯敦。在富商爱德华·贝内特（Edward Bennett）的烟草种植园劳动几年后，他于 1635 年后的某个时候结束了劳役合同，与非洲妻子玛丽（1623 年被送到詹姆斯敦在贝内特种植园打工）一起开始了自由人生活。约翰逊创建了自己的小型烟草种植园，也开始雇用黑人和白人契约仆人。

然而，尽管和此后数十年乃至几个世纪的

第一个非洲裔美国人家庭

汉普顿的一小块墓地是詹姆斯敦俘虏的最后安息之所吗?

▲ 塔克公墓号称美国最古老的非洲裔美国人墓地

虽然硕果仅存的历史碎片难以拼出詹姆斯敦第一批非洲人的生活全景,但他们的遗骸可能仍然留存在我们身边。长久以来,汉普顿(Hampton)塔克公墓一直是弗吉尼亚的黑人墓园,其中一些人的口述历史可以追溯到在弗吉尼亚出生的第一个非洲裔婴儿威廉·塔克身上,甚至更加遥远的安哥拉。

尽管墓碑和墓葬记录只能回溯到19世纪,但通过对这片占地两英亩、曾被称为旧有色人墓地遗址进行的雷达探测发现,另有104座未标记墓葬可能源自17世纪和18世纪。2017年7月,一位热心的园丁在修剪灌木丛时有了一个令人毛骨悚然的发现:粗壮的树根把古墓里的头骨顶到了地表。专家得出的结论是,它属于一名大约60岁的非洲女性。

由于公墓距离威廉·塔克的种植园只有400米,其中一座坟墓甚至有可能埋葬的就是威廉·塔克本人,尽管验明它的可能性几乎为零,因为除了出生和受洗之外,我们对第一个出生的非洲裔美国人一无所知。之后,他便消失在历史的迷雾中。他活过了童年吗?他有奉其为祖先的后代生活在当今社会吗?鉴于弗吉尼亚早期非洲黑人的地位不断发生变化,塔克是以怎样的身份撒手人寰的,自由人、仆人,还是奴隶?

非洲黑人相比他们得到了更为平等的待遇,但詹姆斯敦的第一批非洲人无一例外地饱受种族歧视之苦。在新大陆的葡萄牙和西班牙殖民地,种族种姓制度业已存在,英国殖民者对黑人也持有偏见。随着时间的推移,相关法律陆续出台,一些黑人劳工沦为终身契约奴隶,奴隶制堂而皇之地被写入法典。

1640年7月,弗吉尼亚常设法院做出了有记载的第一个终身奴役判决。黑人契约用人约翰·庞奇(John Punch)和两名白人用人从主人休·格温(Hugh Gwyn)那里逃走。被捕后,法庭将荷兰和苏格兰逃亡者的契约分别延长了4年。

庞奇受到了更为严厉的制裁:"判处黑人约翰·庞奇为其主人或主人指派的任何人无论何处服务终生。"从本质上讲,庞奇如今成了终身仆人,换句话说,是一个没有机会获得自由的奴隶。

在新制度下,黑人甚至也有成为奴隶主的可能。1653年,履行劳役契约最终为自己赢得

27

▲ "司库"号上的战俘安吉拉居住过的弗吉尼亚老房子考古发掘现场

> **庞奇成了终身仆人，换句话说，是一个没有机会获得自由的奴隶。**

自由的非洲人安东尼·约翰逊被他的一名黑人劳工约翰·卡索（John Casor）告上法庭。他声称自己的契约已于7年前到期，但被约翰逊非法扣押。

卡索利用法律武器为自己争得了自由，转而为另外一个种植园主工作，但上诉法院最终推翻了一审判决，裁定卡索没有证据证明他有契约合同。从根本上讲，司法部门认定卡索不是契约仆人而是一名奴隶，因此要求他为约翰逊服役终身。

虽然约翰·庞奇和约翰·卡索判例对终身奴役概念给予了司法认可，但直到1662年才有立法扩大了奴隶制的内涵。这是对1660年伊丽莎白·基（Elizabeth Key）提出的法律挑战的直接回应。出生于弗吉尼亚的基是非洲仆人和英国种植园主的女儿。她抗辩称，她父亲是英国白人，因此她不是奴隶而是一名自由女性。

尽管她赢得了争取自由的斗争，但弗吉尼亚立法机构却随之通过了一项法律，规定所有在该殖民地出生的儿童，不论生父是谁，其身份都将随生母的身份而定，从而确保了未来类似的诉求不会得偿。因为许多奴隶横遭奴隶主虐待，黑人女性与白人男性生孩子的可能性要远远大于黑人男性与白人女性生孩子的可能性，所以新法律显然是一项居心叵测的种族主义政策。奴隶母亲所生的孩子本身也会被奴役。奴隶制不再局限于黑人女性的一生，而是延续到她们的后代子孙。

非洲裔美国人在英国殖民地的地位由此得

到了确认，奴隶制被写进了法律。不过，从"白狮"号挂靠康福港到建立奴隶制的40多年里，1619年的詹姆斯敦俘虏和紧随其后接踵而至的非洲人尽管都是被迫离开家园，不得不承受难以名状的苦难，但仍然获得了机会和自由，这对后人来说是不可想象的。

正如1619年少数恩东戈人弃舟登岸不是北美奴隶制的发端一样，他们的不期而至也并非整个非洲裔美国人历史的起点。人们认为，在詹姆斯敦俘虏到来之前的100年间，大约50万非洲人漂洋过海跨越了大西洋。早在克里斯托弗·哥伦布的环球航行中，就曾把非洲黑人从大西洋此岸运到彼岸。哥伦布运送的非洲人的确切身份是奴隶还是自由人尚不得而知。我们所知道的是，那时已经有一套成形的做法，奴役非洲人并把他们送到欧洲或非洲大陆附近岛屿上的第一批欧洲殖民地服役。早在1501年，就有奴隶横渡大西洋到巴西和乌拉圭，用自己的血肉之躯援建葡萄牙和西班牙初创的殖民地。

据史料记载，第一个非洲人于1513年踏上北美土地。胡安·加里多（Juan Garrido）不是奴隶，而是一名士兵。他出生在刚果，但为西班牙国王而战。在参与对伊斯帕尼奥拉、波多黎各和古巴的征服后，加里多加入了胡安·庞塞·德莱昂（Juan Ponce de León）的探险队，该探险队在今天的佛罗里达州寻找青春之泉（Fountain of Youth）。加里多在北美滞留的时间有限。1520年，他加入了围攻阿兹特克帝国首

▲ 1586年，弗朗西斯·德雷克本希望将非洲奴隶充实到罗阿诺克岛上的劳动力大军中，但到头来却把该殖民地人口撤回到英国的活儿揽了下来

都特诺奇蒂特兰（Tenochtitlan）的军队，最后退役，到了墨西哥城的一个农场。

虽然加里多晚年过着躬耕垄亩的农闲生活，但西班牙殖民者却在持续推进北美殖民化的进程。1526年，国王查理一世派遣的探险队试图在佐治亚海岸圣米格尔·德·瓜尔达佩落脚。食不果腹、疾病缠身和充满敌意的美洲原住民预示着这次时运不济的冒险注定要失败。这种司空见惯的三合一式灾难性威胁始终与接下来的百年殖民冒险如影随形，但钉进殖民棺椁里的最后一颗

奴隶母亲所生的孩子本身也会被奴役。奴隶制不再局限于黑人女性的一生。

▲ 第一批非洲人抵达时，詹姆斯敦新殖民地只建成了12年

▲ 在弗吉尼亚登陆后的3年内，这些非洲俘虏惨遭包哈坦部落的屠杀，该殖民地1/4人口死于非命

▲ "白狮"号下锚的确切地点如今是门罗（Monroe）堡国家纪念碑的所在地

钉子当数奴隶起义。该殖民地奴隶的确切数量不得而知，唯一的当代编年史只是说，600名定居者中的"一些人"是非洲黑人，同时指出，这些奴隶"有自己的理由"烧毁殖民地一名首领的房子。一些历史学家认为，这些奴隶设法逃进了当地土著部落去生活。

无论圣米格尔·德·瓜尔达佩奴隶的命运如何，显而易见的是，被俘虏的非洲人是探险队的一部分，尽管发生了叛乱，但仍有奴隶被源源不断运往西班牙的新大陆。1528年，纳瓦雷

▲ 1619年非洲俘虏的詹姆斯敦之旅是在北美建立臭名昭著的奴隶制道路上迈出的重要一步

（Francis Drake）爵士率领船队抵达罗阿诺克（Roanoke）岛时，船上可能就有非洲奴隶。这个声名狼藉的英国私掠者抢劫了哥伦比亚海岸卡塔赫纳（Cartagena）和佛罗里达圣奥古斯丁（St Augustine）的西班牙定居点，掳走了那里的美洲原住民和非洲奴隶，意欲将他们运往弗吉尼亚殖民地。他原本期望能找到一个需要劳力的繁荣定居点，但事实上，他发现这群饥不择食的人央求他把他们送回英国。虽然德雷克嘴上答应，但鲜见有奴隶和这些失败的殖民者同返欧洲，至于是在途经加勒比海地区时被卖掉，还是被遗弃在新大陆，尚不得而知。也许整个事件中最令人感到悲哀的是，没人愿意记录奴隶们身上发生的事情。

德雷克在前往罗阿诺克岛之前就对奴隶贸易烂熟于心。16世纪60年代，他和表弟约翰·霍金斯参与了3次前往几内亚和塞拉利昂的航行，在葡萄牙基地捕获了1000多名非洲人，将他们运送到伊斯帕尼奥拉的西班牙种植园。这些航行堪称英国水手组织的最早贩奴之旅。50年后，当英国殖民地在大西洋岛屿上相继建立起来时，奴隶们便纷至沓来。1612年，百慕大成为一个集中定居地。没过4年，非洲奴隶被从加勒比海地区的前西班牙殖民地带到百慕大，比詹姆斯敦俘虏的到来早了3年。

英国人不是将非洲人运到大西洋彼岸的始作俑者，詹姆斯敦俘虏也不是首批踏上新大陆殖民地的非洲人。安吉拉、安东尼、伊莎贝拉以及他们在詹姆斯敦下船的同代人虽系被强行掳走，但他们不是奴隶，这点与北美数百万后来的非洲人大相径庭。然而，1619年"白狮"号的登陆终究是非洲裔美国人历史上的一个重要里程碑。在最终通往臭名昭著的基于种族的动产奴隶制漫长进程中，它迈出了关键的一步。

斯（Narváez）探险队离开古巴，在佛罗里达登陆（尽管他们的实际目的地是墨西哥），目的是建立两个新城镇。但他们又一次惨遭败绩，直到8年后，当国王查理一世派遣的最早探险队中的4名幸存者被迫跋涉绕行墨西哥湾、最终徒步摸进墨西哥城时，他们的失败才算告一段落。其中一名幸存者是安德烈斯·多兰特斯·德·卡兰扎（Andrés Dorantes de Carranza），一路陪他风雨前行的是摩洛哥奴隶埃斯特瓦尼科（Estevanico）。这位非洲人陪伴着主人历经千难万险幸存下来，得到的回报却不是自由。相反，他被卖给新西班牙总督，专司引导探险队深入北美进行探险。3名白人幸存者有权婉拒，但身为奴隶的埃斯特瓦尼科别无选择。

不只是西班牙人在艰难的北美定居过程中有奴隶加盟。1586年弗朗西斯·德雷克

奴隶主总统

　　美国开国总统乔治·华盛顿在自己的弗农山庄
（Mount Vernon）宅邸里就能居高临下地看到被奴役的
黑人劳工。同美国许多开国元勋和早期总统一样，华盛
顿也是奴隶主。1799年他去世时，其山庄里的奴隶多
达317人。开国元勋们都承认奴隶制有悖于自由理想这
一美国革命的核心价值观，最终还是凭借一场血腥的内
战，给令人不寒而栗的奴隶制敲响了丧钟。

北美奴隶制

奴隶制虽说不是美国的立国之基，但在建国之后不久便应时而生，进而把国家撕裂，导致一场血腥内战的爆发

—— 爱德华多·阿尔伯特

奴隶制远非北美所特有。它是有历史记载以来人类的一种普世制度，有些人甚至视其为公序良俗。只有在基督教和佛教衍生出来的文明中，奴隶制才受人唾弃。纵然如此，奴隶制依旧大行其道，尽管规模有所收敛。然而，随着15世纪末欧洲人开始进入地理大发现时代，战乱频仍中的非洲酋长巴不得把战俘卖给欧洲商人，于是奴隶贸易重又借尸还魂。非洲奴隶贸易网络早在欧洲人到来之前便已织就，主要是为满足阿拉伯统治者对非洲奴隶的需求。然而，停泊在非洲西海岸的快帆船和大帆船却创造了一个全新的、有利可图的出口市场。欧洲商人急于填补食糖市场日益凸显的供应空白，开始向加勒比海地区甘蔗种植园运送越来越多的奴隶。卸下奴隶货物后，这些帆船满载蔗糖返航欧洲，

NEGROES
FOR SALE
AT AUCTION
TH'S DAY
AT 1 O'CLOCK

THE NEW YORK HERALD

1861年弗吉尼亚州奴隶拍卖时的场景

▲ 历史学家目前估计，跨大西洋奴隶贸易将 1200 万—1280 万非洲人运送到美洲。这条路线无疑成了人类苦难的传送带

从而助推了欧洲—非洲—美洲跨大西洋三角奴隶贸易网络的形成。鼎盛时期，越洋运输奴隶的场面蔚为大观，数以百万计的生灵被送到大西洋彼岸开始惨遭奴役的生活，直至奴隶制不可调和的核心矛盾引爆的废奴运动最终成为它的掘墓人。但在奴隶制存续期间，跨大西洋奴隶贸易不啻痛苦、偏畸、伪善道德和堕落权力的传送带。

殖民时代

在 17 世纪早期的数十年间，北美对欧洲移民来讲并没有什么吸引力。那些寻求财富的人更有可能前往甘蔗种植园遍地的加勒比海岛屿，或者投身蕴藏着黄金和白银的南美洲。由于北美很难吸引来定居者，早期殖民者便开始干起了贩卖人口的勾当。1619 年，第一批非洲黑奴运抵詹

SELLING WIVES TO THE PLANTERS.

▲ 一名女囚作为契约用人从英国监狱被运到弗吉尼亚詹姆斯敦，以 100 磅[1]烟草的价格卖给一名男性定居者为妻

---

① 1 磅约为 0.4536 千克。

▲ 1619年，第一批黑奴抵达詹姆斯敦。他们是被英国私掠船从捕获的葡萄牙船只上带走的

姆斯敦，在劳动密集型烟草种植园劳作，而烟草则成了年轻殖民地有利可图的经济作物。这些非洲黑人发现和他们并肩劳动的还有比他们先到的贫困欧洲白人，和他们一样都没有自由之身。

白人苦力贸易

弗吉尼亚詹姆斯敦的英国殖民地绝非新大陆的天堂，而是一个残酷无情之地，需要面朝黄土背朝天地苦干，居民死亡率很高。为补充劳动力，给殖民地创造未来，大量贫困潦倒的欧洲白人被招募而来。他们主要来自英格兰、威尔士、苏格兰和爱尔兰，有些来自荷兰和欧洲其他国家。他们用自身的自由支付前往新大陆的旅费，也就是说成为契约劳工。这基本上意味着他们是有时限的奴隶，与雇主绑在一起，在履行完契约并偿清旅费成本之前，不能自由结婚或另立门户独立生活。在美国独立战争之前来到北美的欧洲人中，有一半以上是契约仆人，过着艰涩贫寒、朝不保夕的生活。1623年3月，年轻的理查德·弗雷特霍恩（Richard Frethorne）所写的一封家书充分说明了他的悲惨境遇。他乞求家人代偿他的契约或者送来食物，因为他终日饥肠辘辘，身患血痢让他一病不起，而在家里就连乞讨来的食物也比他每天的口粮要多。弗雷特霍恩初到美国时大概只有12岁。他的家书一直没有送达他的父母，而是躺在伦敦弗吉尼亚公司的办公室里睡大觉。弗雷特霍恩本人于1624年2月夭亡，当时可能还不满15岁。

在17世纪早期的几十年里，黑奴与白人契约劳工之间的差异并不大。他们只占人口的5%

由于北美很难吸引来定居者，早期殖民者便开始干起了贩卖人口的勾当。

左右，也存在经过努力为自己争取到自由的可能性。安东尼·约翰逊于1621年被带到詹姆斯敦，但他的主人允许他自己耕种土地。1641年前后约翰逊获得了自由。1650年，他分得250英亩土地，他的儿子们也获得了同等数量的土地。约翰逊从此修成正果，功成名就的他甚至还有了自己的奴隶。詹姆斯敦及其周边还有一些其他自由

五分之三妥协案

▲ 理想版本的《美国宪法》签署场景。1940年霍华德·钱德勒·克里斯蒂绘

为确定新的美利坚合众国治理方式而召开的制宪会议面临的一个关键问题是，每个州在众议院各占多少席位和应缴多少税款。南北方各州在这一利益攸关的问题上出现分歧，美利坚合众国很有可能功亏一篑，尚未成立便四分五裂。鉴于此，会议代表们试图找到一种方法，让南方蓄奴州与北方废奴州相向而行。折中方案是依据每个州的人口数量来确定议席。北方各州的自由人明显多于南方各州。然而，如果把南方各州的奴隶人口也计算在内的话，那么南方将实现逆袭。可是，奴隶没有投票权和其他权利，南方各州在法律上将奴隶视为财产，而不是人。尽管如此，立宪代表们最终还是达成了妥协，将奴隶算作3/5自由人，以便据此确定各州所占议席数量。直到美国内战爆发之前，五分之三妥协案实际上赋予了南方蓄奴州更大的政治权力。

黑人，但到 1650 年，大多数黑人都是奴隶。约翰逊耗去了 20 年光阴才重获自由，而白人契约劳工通常在服役 7 年后便可回归自由世界。种族之间的鸿沟逐渐变得难以逾越。

在荷兰的北方殖民地新阿姆斯特丹（后来更名为纽约），荷兰西印度公司引进了 11 名非洲奴隶和定居者，后来又进口了黑人女性充当这些男人的妻子。事实证明，在与当地印第安人的频繁冲突中这家公司扮演了极其重要的角色。它把黑奴武装起来，帮助保卫殖民地。黑奴清楚自己是殖民地防御的重要组成部分，于是，经与荷兰西印度公司谈判达成了一项半自由协议，即他们仍然是该公司的奴隶，但当公司不需要他们的时候，他们便可以自由地为自己工作。

马萨诸塞的清教徒殖民地信奉社会阶层神授和视奴隶为兄弟的保罗教义，竟然把宽容与屈尊杂糅起来，进而催生出了一个极其虚伪的怪胎。不过，黑奴从未在马萨诸塞人口中占到很大比例。在马萨诸塞和新阿姆斯特丹，大量美洲原住民被抓捕和奴役，奴隶贸易十分活跃，一直蔓延到南方的弗吉尼亚和南卡罗来纳。像大西洋彼岸的非洲一样，部落出售战俘获利使得美洲原住民贸易日趋猖獗。然而，事实证明，美洲原住民作为奴隶所引发的问题更加严重，因为他们熟悉这片土地，亲朋好友往往近在咫尺，所以美洲原住民奴隶要想摆脱奴役或是家人想要搭救他们要容易得多，有时会给奴隶主带来致命的后果。鉴于报复行动愈演愈烈，1679 年，纽约宣布奴役美洲原住民为非法，1706 年干脆禁止奴役任何美洲原住民。法令规定"只有黑人才是奴隶"。

奴隶制法典化

17 世纪上半叶，奴隶制作为一种基于种族的永久奴役制度没有法律依据可言。然而，17

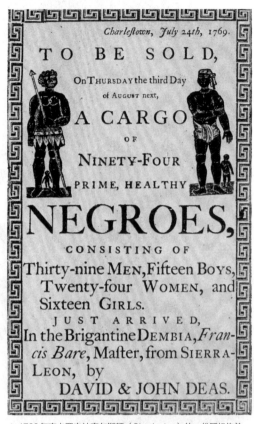

▲ 1769 年南卡罗来纳查尔斯顿（Charleston）的一份贩奴传单

世纪下半叶，一系列法规和法院判决的出台为北美奴隶制奠定了法律基础。1640 年，弗吉尼亚一家法院对 3 名逃跑的契约用人做出裁决，成为奴隶制法典化的前兆。3 人均遭鞭打，2 名白人被勒令为主人多工作 1 年，为殖民地再工作 3 年。然而，名叫约翰·庞奇的黑人却被判"为其主人或主人指派的任何人服务终身"。弗吉尼亚法院毫不掩饰地表示，他们之所以做出这一决定，是因为约翰·庞奇是黑人。

弗吉尼亚、马里兰、纽约、康涅狄格和南卡罗来纳都在 17 世纪下半叶颁布了建立和管控奴隶制的法规。1662 年，弗吉尼亚的一项法规宣布奴隶制是母系世袭制。如果母亲为奴，子女便是奴隶。这使得奴隶制更具可操作性，因为确认孩子的母亲比确认父亲要简单得多。此外，殖民

▲ 卖给欧洲商人之前被关押在棚子里的非洲俘虏。请注意这个非洲看守——奴隶贸易离不开非洲人抓捕非洲人并将他们带到海岸进行出售

地普遍存在的性奴役也被写进法典，白人主人导致黑人女奴怀孕，而女奴只能接受自己骨肉为奴的事实。

弗吉尼亚还采取行动堵塞宗教漏洞。尽管基督徒长期以来反对相互奴役的做法，但殖民地法律规定，即使成为受洗的基督徒，奴隶仍然是奴隶，可见肤色正逐渐战胜信仰。1669年，在奴隶制法律制订方面一骑绝尘的弗吉尼亚又颁布了一项法令，规定激情惩罚奴隶致死的主人不构成谋杀罪。毕竟奴隶属个人财产，奴隶主不会故意加以毁坏，因此也就不会起意杀人。

在北美殖民初期，奴隶制是以阶级为基础的。17世纪下半叶，随着立法的发展，奴隶制已经演变为一种公然的种族主义制度。虽然劳动

仍然大多由白人契约工人完成，但新的美国精英阶层能够通过将黑奴置于比白人契约工人更低的地位来分化反对他们统治的力量。黑奴之间也相应形成了等级制度，受欢迎的家奴位于顶层，其下是工匠，居多数的田间劳力处于底层。这种奴隶等级的龌龊之处在于许多预谋的起义和逃亡都被较高等级的黑奴所出卖，因为他们担心失去自己的特权地位，或者出于对主人犹抱的愚忠。

培根起义后，奴隶制更加有恃无恐地蔓延开来。时至1676年，弗吉尼亚契约白佣的生活每况愈下，人们想方设法在法律上防止他们于劳役期结束后成为土地所有者。弗吉尼亚富有的地主阶级打算把土地据为己有。随着民怨日益沸腾，富人纳撒尼尔·培根（Nathaniel Bacon）领导一贫如洗的农民揭竿而起，总督的宅邸被石头砸毁，首府被夷为平地。然而，培根死于痢疾，一时间群龙无首，来自英国的增援力量最终把起义镇压下去。起义之后，弗吉尼亚有钱有势的地主

▲ 美洲殖民地的制皂工人在契约仆人的配合下工作

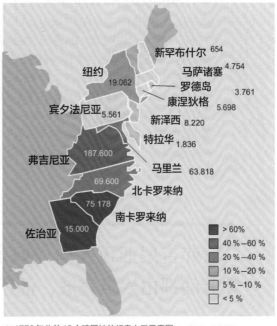

▲ 1770年北美13个殖民地的奴隶人口示意图

新罕布什尔 654
马萨诸塞 4.754
纽约 19.062
罗德岛 3.761
康涅狄格 5.698
宾夕法尼亚 5.561
新泽西 8.220
特拉华 1.836
弗吉尼亚 187.600
马里兰 63.818
69.600
北卡罗来纳
75.178
南卡罗来纳
佐治亚 15.000

> 60 %
40 %－60 %
20 %－40 %
10 %－20 %
5 %－10 %
< 5 %

德雷德·斯科特判决

▲ 德雷德和哈丽特夫妇对自由的追求导致美国内战的爆发

1836年，美国军医约翰·爱默生（John Emerson）带着奴隶德雷德·斯科特从蓄奴州密苏里搬到了废奴州伊利诺伊。1840年，爱默生带着业已成婚的德雷德回到密苏里。1843年，爱默生去世，遗孀艾琳（Irene）继承了他的遗产，包括奴隶德雷德和哈丽特（Harriet）夫妇。1846年，德雷德向艾琳出价300美元，试图为家人赎回自由，但遭到拒绝。斯科特随后告上法庭，辩称他和妻子在废奴州生活了3年，已经自动获得自由。该案一直上诉到全美最高法院。鉴于奴隶制问题造成这个年轻的国家分崩离析，最高法院大法官们认为，对这个问题果断做出裁决有利于息事宁人，结束摩擦。1857年3月6日，

最高法院以7：2的多数票决定驳回上诉，维持原判。首席大法官罗杰·塔尼撰写了一份长篇判决意见，陈述了做出这一裁决的原因，其中主要原因是非洲人后裔"不是宪法中'公民'一词的应有之意，也不会跻身'公民'之列，因此不能主张美国公民的任何权利"。然而，这一判决产生了完全相反的效果，不仅加剧了早已存在的紧张局势，而且为美国走向内战起到了火上浇油的作用。在全美最高法院做出的所有判决中，人们普遍认为德雷德·斯科特判决最为糟糕。内战结束后，美国宪法第十三条和第十四条修正案废除了该案的判决。1857年5月26日，德雷德·斯科特获得自由，次年9月17日死于肺结核。

弗吉尼亚正在向以奴隶为基础的社会转变，大多数劳动都由奴隶完成，而所有奴隶都是黑人。

阶层不再信任白人契约劳工，开始把精力更多地投到黑奴身上。随着美国西部的开疆拓土，一些被剥夺土地的人有了成为地主的机会，从而转移了他们的注意力。1680年，弗吉尼亚有3000名黑奴。40年后的1720年，这一数字增长到了27000人。弗吉尼亚正在向以奴隶为基础的社会转变，大多数劳动都由奴隶完成，而所有奴隶都是黑人。到17世纪末，所有北美殖民地都建立了奴隶制。

殖民时代美国的奴隶制

从一开始，美国南北方殖民地之间的奴隶制实践就南辕北辙。新英格兰的气候和土壤不适于大型种植园的开垦，因此奴隶通常从事的劳役五花八门，从家庭用人、农场苦力再到工匠，不一而足，而且往往与主人生活在同一个环境里。然而，让地主阶级赚得盆满钵满的南方烟草种植园却是劳动密集型的，黑奴白天在地里干活，晚上住在营房或棚屋里，平时与白人鲜有接触。

奴隶社会的种族隔离状况日趋严重，一系列反对黑白种族通婚的法律企图维持这种状态。禁止黑白种族间发生性关系的法律数量之多表明，这种关系的发生频率远远高于种族隔离主义者的预期。

为强化对奴隶的控制，奴隶人口最多的殖民地出台了一系列法律，禁止教黑人读书写字。南卡罗来纳是颁布此类法案的祸首，1740年的《黑人法案》规定教奴隶读写属于非法。然而，他们认为仅有这第一部法案是不够的，于是在1800年和1834年又分别通过了新的法案，加大了惩罚力度。这些新法规表明，黑奴深知学习读写的价值，甘愿为此以身试法。读写能力使奴隶能够伪造脱离主人所需的书面通行证，更重要的是能让他们读懂《圣经》。阅读奴隶主奉为圭臬的经书，能揭示奴隶主的虚伪，为奴隶自身带来解脱和救赎的希望。毕竟，《圣经》描述了上帝从枷锁和奴役中解救出来的以色列民族，而只有奴隶才能完全理解被奴役民族逃离埃及获得解放的故事。

此外，还爆发了一些奴隶起义，尽管没有达到加勒比海群岛奴隶起义的规模。1739年，南卡罗来纳斯托诺河附近发生了美国独立战争前规模最大的一次起义。有文化的奴隶杰米带领20名男子袭击了一家店铺，杀死店主，抢走了枪支弹药。

全副武装的他们向南行进，前往西班牙统治的佛罗里达。那里的法律规定，从英国殖民地逃来的奴隶将获得自由。这伙人一路上招兵买马，杀死白人，直到当地民兵拦住了他们的去路。一败涂地的幸存者继续南行，但陆续被复仇心切和惊恐不已的白人围捕处决。

1831年8月21日，美国历史上规模最大的奴隶起义——特纳起义在弗吉尼亚州爆发。此时，北方和南方正在分裂为废奴州和蓄奴州。纳特·特纳率领60—80人，在白人民兵抓到他们之前杀死了55名白人。两个月后，死里逃生的特纳被捕。经过法庭审理，特纳被判处死刑，于11月11日被处以绞刑。

美国独立战争时期的奴隶制

斯托诺和特纳起义发生在美国独立战争（1775—1783年）前后。美国人将这场战争称为争取自由的战争，因此，北美被奴役人民也用同样的措辞大声疾呼自身的解放。殖民地从英国独立后，按照美国宪法的规定，最终划分出了导致后来美国内战的废奴州和蓄奴州，为北美奴隶制画上了血腥的句号（尽管这绝不是种族隔离或种族歧视的终结）。

事实上，在美国独立战争中第一个死亡的是黑人克里斯普斯·阿塔克斯（Crispus Attucks），他住在马萨诸塞波士顿。1770年3月5日，当地人与英国军队发生冲突。英军开枪射杀了5名当地人，波士顿惨案爆发。置身其中的阿塔克斯胸部连中两枪，第一个撒手人寰。尽管当时有黑人和白人分开埋葬的习俗，但阿塔克斯和其他4名白人受害者却一起被安葬在谷仓墓地（GBG），从而成为为美国独立事业献身的烈士。

鉴于美国人连篇累牍使用"从奴隶制中解放出来"这样的措辞去推动脱离英国的统治，黑人也就顺理成章地将自己的抗争视为争取自由的全国斗争的有机组成部分。然而，美国独立战争的领导人并不热衷于招募黑人，他们非常清楚这将对南方各州及其奴隶依赖型经济所产生的影响。1775年6月，乔治·华盛顿组建了大陆军，但明确禁止黑人入伍，无论他们是自由人还是奴隶。作为回应，英国任命的弗吉尼亚总督邓莫尔（Dunmore）勋爵宣布，凡是参加反对美国独立战争的奴隶均可获得自由。尽管弗吉尼亚立法机构通过了一项法律，任何参加英军的黑人将被处死，但仍有成千上万的黑人前往英军营地，应召加入口号是"奴隶自由"的埃塞俄比亚兵团。

由于担心奴隶跑去参加英军，华盛顿被迫改变策略，允许黑人加入大陆军。纽约、新泽西和康涅狄格都允许奴隶主释放奴隶以便他们为大陆军服役，其他北方州也都亦步亦趋，如法炮制。然而，南卡罗来纳从未觉得有必要让黑人入伍。

当英国最终输掉这场战争时，大约4000名黑人离开了北美，在英国皇家海军的护航下驶向

▶ 1770年3月5日，当地人与英国军队发生冲突，黑人克里斯普斯·阿塔克斯成为美国独立战争中第一个死亡的人。这场冲突史称波士顿惨案

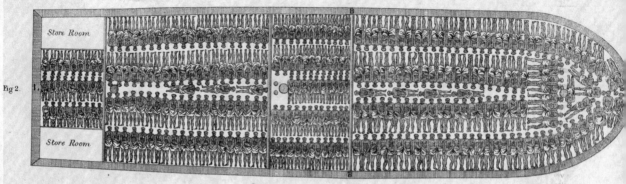

PLAN OF LOWER DECK WITH THE STOWAGE OF 292 SLAVES
130 OF THESE BEING STOWED UNDER THE SHELVES AS SHEWN IN FIGURE D &FIGURE 5.

PLAN SHEWING THE STOWAGE OF 130 ADDITIONAL SLAVES ROUND THE WINGS OR SIDES OF THE LOWER DECK BY MEANS OF PLATFORMS OR SHELVES (IN THE MANNER OF GALLERIES IN A CHURCH) THE SLAVES STOWED ON THE SHELVES AND BELOW THEM HAVE ONLY A HEIGHT OF 2 FEET 7 INCHES BETWEEN THE BEAMS: AND FAR LESS UNDER THE BEAMS . See Fig 1.

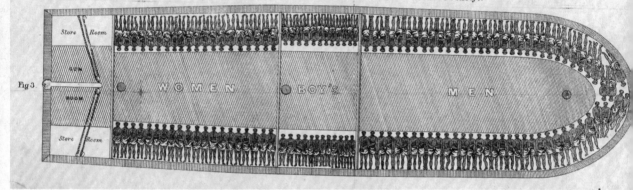

▲ 这是英国"布鲁克斯"（Brookes）号贩奴船根据1788年实施的《奴隶贸易法案》的规定所进行的奴隶装载示意图。该法案是第一部根据船只吨位限制装载奴隶数量、减少中间航道上非洲人死亡率的法案

▲ 1831年，纳特·特纳在密谋反抗奴隶制

▲ 1676年，纳撒尼尔·培根领导的起义者在詹姆斯敦纵火以抗议总督威廉·伯克利（William Berkeley）。对契约用人骚乱的恐惧导致了更多黑奴的输入

他们的新家。与此同时，在胜利的一方，5000名黑人作为大陆军战士参加了战斗，其中绝大多数后来正式获得了解放，大大增加了这个新生国家中自由黑人的数量。

号召独立的自由宣传和奴隶制现实相去甚远，对此感同身受的不仅仅是黑人。1774年9月，阿比盖尔·亚当斯（Abigail Adams）在写给丈夫、未来总统约翰·亚当斯的信中说："我是多么希望这里没有奴隶啊……在我看来，终日拼命劫掠、抢夺那些和我们一样享有自由权利的人，实在是太不公平。"事实上，在美国前12任总统中，只有约翰·亚当斯和他的儿子约翰·昆西·亚当斯（John Quincy Adams）从未拥有过任何私人奴隶。

像亚当斯一家对奴隶制深恶痛绝的大有人在。美国独立后，北方各州逐渐将奴隶制定为非

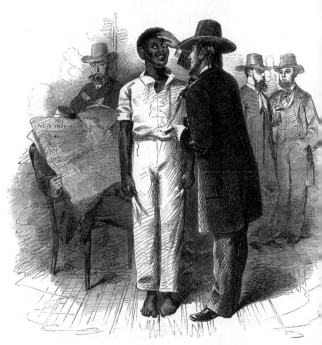

▲ 19世纪50年代，一名奴隶买家在弗吉尼亚州奴隶拍卖会上查看拟购买的黑奴

皇家非洲公司

▲ 皇家非洲公司代表与黄金海岸国王签订奴隶贸易条约

北大西洋奴隶贸易就是为了钱。贪婪，纯粹、简单的贪婪是它的驱动力，没有任何地方能像皇家非洲公司这样表现得如此露骨，如此残酷。1660年，国王查理二世、其弟约克公爵詹姆斯和伦敦城的商人共同成立了这家公司。该商行最初有一个非常浪漫的名字——皇家冒险家非洲贸易公司（CRATA），初衷是寻找黄金。然而，事实证明黄金难求。1863年的新特许将业务范围扩大到奴隶贸易。当时，欧洲国家在非洲海岸建有堡垒，但将奴隶带来进行交易仍然离不开非洲当地统治者。第一家公司因在第二次英荷战争中遭受重创而破产，1672年被皇家非洲公司所取代。该公司呼风唤雨，权势滔天，包括建立堡垒和实施军事管制，拥有通过黄金、贸易和贩奴追求利润的权利。皇家非洲公司与非洲当地统治者合作，开始将大量奴隶运往大西洋彼岸，其中大部分前往加勒比海群岛，有些则继续前往北美。该公司每年运送5000名奴隶，估计有20%在途中死亡。1698年，议会废除了皇家非洲公司对跨大西洋奴隶贸易的垄断。面对激烈竞争，该公司于1708年破产，但截至1752年一直维系着逐年减少的出货量。

正如法律逐步确立了奴隶制一样，北方各州也正付诸法律来取缔奴隶制。

法。正如法律逐步确立了奴隶制一样，北方各州现在也付诸法律来取缔奴隶制。根据马萨诸塞州的新律法，法院宣布"废除"奴隶制。到1790年，该州奴隶已经荡然无存。虽然解放黑奴进程在北方其他州进展得较为缓慢，最后一名奴隶于1827年才在纽约获得自由，但北方终究走上了一条解放黑奴的单行道。

然而，解放黑奴问题在南方各州远未得到解决。1787年召开制宪会议，为新生国家组建政府，但13个州的代表却同床异梦，各怀心事。为把国家团结起来，新宪法中虽然并未出现"奴隶制"这样的字眼，但给予了充分的默许。在明确国会何时可以自由通过禁止跨大西洋贩奴立法的同时，还规定逃跑的奴隶应当归还主人。

会上，来自佐治亚州、南卡罗来纳州和北卡罗来纳州的代表威胁说，如果确定进口奴隶为非法，他们将退出，尽管其他10个州已经宣布从非洲进口新奴隶为非法。南卡罗来纳州代表查尔斯·平克尼（Charles Pinckney）扬言："南卡罗来纳州和佐治亚州不能没有奴隶。"因此，大会决定，20年内国会不能禁止跨大西洋奴隶贸易。在1808年奴隶贸易被宣布为非法之前，南卡罗来纳州进口了40000名奴隶。《美国宪法》第四条第二款还规定逃跑的奴隶必须归还主人。

总的来说，宪法的措辞和逻辑极大地推进了奴隶解放的进程，北方各州的奴隶制冰消瓦

▲ 在种植园里劳动的黑人奴隶家庭

解。如果没有轧棉机的发明，也许南方各州也会走过同样的历程，尽管会更加缓慢。烟草是一种集约作物，对土壤危害很大。因此，需要新的替代作物来夯实南方农业州的经济基础。这种作物就是棉花，但直到1793年伊莱·惠特尼（Eli Whitney）发明了轧棉机这种将棉花纤维从种子中快速高效地分离出来的机器，棉花才成就了一番大生意。南方种植园纷纷转种棉花，随着需求与日俱增，种植园主赚得盆满钵满。棉花种植和烟草一样，也是劳动密集型产业。南方种植园主和他们的政治赞助商将奴隶制视为财富和地位的基石。作为对废奴运动的回应，南方作家开始大肆鼓吹能使社会向善、道德从良的奴隶制。如果不是美国向西扩张，这场南北之争或许还会继续下去，进而陷入难以自拔的僵局。随着美国的发展，解决新吞并地区和领土的地位问题变得迫在眉睫。南北双方都清楚，这个新生国家已经危如累卵。

西部走向内战

19世纪初，美国在奴隶制问题上已经出现巨大裂痕。但由于分庭抗礼的两大阵营势均力敌，故而联邦得以维系。构成美国的22个州中有一半是废奴州，一半是蓄奴州，但当密苏里请求作为蓄奴州加入联邦时，这种微妙的平衡出现了被打破的危险。

人口达到标准的密苏里申请加入美国。作为一个新州，它有权在参议院中占有两个席位，从而打破了废奴州和蓄奴州之间的平衡。随着对立双方的敌意日渐加深，众议院议长亨利·克莱

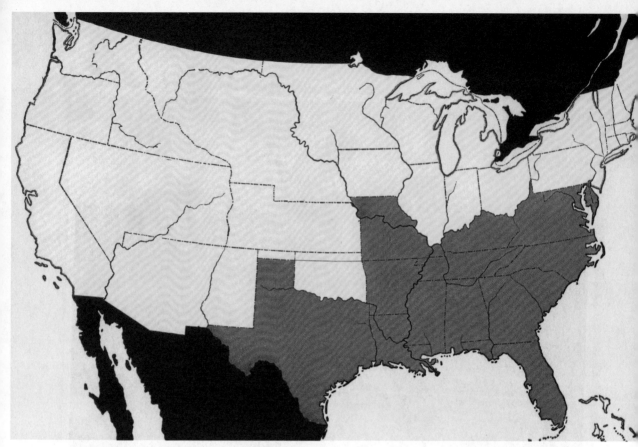

▲ 1857年美国废奴州（黄色）和蓄奴州（红色）示意图

（Henry Clay）促成了一项妥协，即密苏里以蓄奴州的身份加入联邦，但与此同时，缅因以废奴州的身份加入联邦。因此，平衡继续得以维持。但至关重要的是，通过的法案还规定，除密苏里州外，在北纬36°30′线以北不准实行奴隶制，而该线以南的任何州都将是蓄奴州。因此，美国奴隶制以此为界形成南北对峙局面，并开始向西部蔓延。

1849年，当加利福尼亚请求以废奴州身份加入联邦时，这个问题再次浮出水面。为安抚南方蓄奴州，国会同意，虽然加利福尼亚将成为废奴州，但新墨西哥和犹他的民众可自主决定他们是蓄奴州还是废奴州。

这一妥协方案还要求废奴州的人帮助缉拿逃跑的奴隶，从而导致废奴州和蓄奴州之间的紧张关系越发加剧，因为双方在道德制高点上都采取了相反的立场——废奴州人民反对充当奴隶捕手，

而蓄奴州民众则认为他们的北方兄弟在藐视法律。

随着美国向西部扩张，申请加入联邦的州以哪种身份提出申请的问题频繁出现。加利福尼亚州加入后仅仅4年，伊利诺伊州参议员斯蒂芬·道格拉斯（Stephen Douglas）就再次尝试解决这一问题。由于蓄奴州对允许新的废奴州加入联邦没有兴趣，美国的西进运动在密西西比河畔戛然而止。为使这一运动起死回生，他提出了一项新法案，即《堪萨斯-内布拉斯加法案》（Kansas-Nebraska Act）。该法案规定，公众主权将决定这些新州实行何种制度。道格拉斯的许多民主党同僚认为这纯属把奴隶制扩大化的伎俩。他们开始与其他政客因反对奴隶制而走到了一起，加入了后来的共和党。

堪萨斯内战

当堪萨斯选出的代表决定该州是废奴州还是

▲ 19世纪60年代，奴隶在南卡罗来纳州种植园里收获棉花

蓄奴州时，从密苏里州越境过来支持堪萨斯成为蓄奴州的人使投票结果产生了偏差。事实上，这次投票舞弊行为非常普遍。因此，堪萨斯州议会通过了支持奴隶制的法律。可是，支持堪萨斯成为废奴州的选民对这种欺诈行为感到极端愤慨，他们开始武装自己，成立平行立法机构，与此同时，自称为治安党的废奴州支持者和蓄奴州支持者之间爆发了越来越激烈的冲突。为报复一场谋杀，废奴州支持者开始纵火，恐吓支持奴隶制的定居者，随后在劳伦斯（Lawrence）镇遭到围捕。在后来的围攻中，废奴派妇女将枪支藏在衬裙里偷偷运给被围困中的废奴州支持者。

隆冬时节，围城人员撤走，但当奴隶制支持者在第二年春天返回劳伦斯时，他们烧毁了废奴支持者的酒店，把废奴报纸《自由先驱报》扔进了河里。在东部，支持共和党的报纸将这一事件称为"劳伦斯之劫"。

一位名叫约翰·布朗的废奴主义者在前往帮助保卫劳伦斯的途中听说自己来迟了一步，被蓄奴派行径所激怒的他带领一队人来到波塔瓦托米溪（Pottawatomie Creek），在那里他们杀害了5名支持奴隶制的定居者。在波塔瓦托米屠杀之后，布朗采取游击战术，与支持奴隶制的民兵组织展开小规模战斗。一些历史学家认为这些小规模战斗是美国内战的发端。布朗借助在堪萨斯州的行动而赢得的名声为袭击西弗吉尼亚州哈珀斯费里筹集资金。他希望在那里抢得武器，发动一场全面奴隶起义。突袭失败后布朗被捕、受审并因叛国罪被处以绞刑。这次突袭令两个阵营群情激愤，战争已无法避免。在临刑那天早上，布朗写道："我，约翰·布朗，现在非常肯定地讲，这块邪恶之地的罪孽只有用鲜血才能荡涤干净。"

布朗被处决将近18个月后，美国内战爆发。

加勒比海地区和南美洲奴隶制

旅游明信片上的加勒比海地区和南美洲是热带天堂，然而，沃野如画的景观和连绵不绝的沙滩背后却隐匿着被世人长久遗忘、根深蒂固的人类苦难奴役史

海伦娜·内曼

法属西印度群岛安的列斯群岛（Antilles）甘蔗种植园景象。选自《18世纪艺术与科学百科全书》的这幅版画呈现的是异国情调的乡村风情，全然不见奴隶制的恐怖

数百年来，奴役一直是加勒比海地区和南美洲最主要的人类生存状况。种植园里毛骨悚然的暴力和捶骨沥髓的剥削，令人根本无法苟且偷生。他们远离家人和故土，没有乡愁和梦想，最终在囚禁中以奴隶身份与这个世界作别。尽管被奴役者为充饥果腹而忍受着常人难以想象的生存条件，但他们也会奋起反抗压迫者，为自由不惜一战。

据估计，15世纪中期至19世纪中期，超过1200万非洲人在当地被抓，穿越中间航道，踏上一片未知的土地，沦为南北美洲、加勒比海地区甘蔗、棉花、咖啡和烟草种植园中的黑奴。欧洲人为追求财富和权力，不惜牺牲数百万人的生命和自由，侵占了大西洋彼岸的大片土地。

自1492年哥伦布首次踏上今天的巴哈马群岛以来，加勒比海地区就一直是包括英国和法国在内的欧洲列强的后院。就欧洲经济扩张而言，加勒比海诸岛地理位置优越，岛屿海岸挂靠便捷，岛屿面积小，海岸线长，方便欧洲货物和奴隶船只顺利进出该地区。到17世纪，奴隶制已成为加勒比海地区占主导地位的劳工制度。非洲奴隶被迫在劳动密集型甘蔗、槐蓝和烟草种植园中劳作，种植园主残忍至极，根本不把奴隶当人看待。他们没有任何合法权利，每天遭受酷刑，不许婚配，儿童被单独出售，诸如此类侵犯基本人权的事例不胜枚举。

种植欧洲买家需要的作物改变了海岛上的原始景观，进而形成了有组织开荒的农田，肥沃的

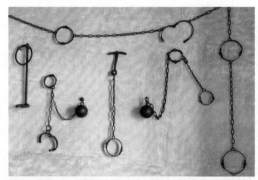

▲ 古巴展出的奴役工具

▲ 一群获得解放的奴隶在牙买加奥古斯塔堡（Fort Augusta）游行

土地被分割成条块状分属不同奴隶主的种植园。在这里，土地一块块直线开垦，便于奴隶主对奴隶随时进行监视。

这一组织架构抵抗住了社会和政治变革，在加勒比海地区存续了300余年。加勒比海诸岛长期殖民统治助推了现代世界的形成。该地区进而成为曾经被海洋阻隔的各个民族、新经济组织模式和新社会关系形式交融贯通之地。知名学者、美国人类学家西德尼·明茨（Sidney Mintz）有一个著名论断，他称加勒比海地区在"现代之前便实现了现代化"，因为正是在这里，今天人们熟知并生活其中的社会、政治和经济景观得到了确立。

一场规模最大、最著名的奴隶起义发生在法国殖民地圣多明戈（Saint Dominigue，今海地）。那里有一条高效率、高利润的蔗糖、靛蓝和咖啡生产线，靠的全都是奴隶付出的艰辛劳动。在美国独立战争时期，它是法兰西帝国治下

▲ 一名奴隶因干了坏事而被"惩处"，遭到巴西监工的毒打

▲ 海地革命以奴隶起义为起首，以国家独立而告终

最富有的殖民地，生产的40%蔗糖和60%咖啡出口如饥似渴的欧洲市场。

与加勒比海地区其他殖民地一样，这里的非洲奴隶占人口多数。因为甘蔗种植园占去了大部分沃野，加之热带疾病肆虐，自然环境恶劣，岛上定居的白人从来就不多。1791年，受欧洲和非洲正义与自由思想的激励，奴隶牧师达蒂·布克曼（Dutty Boukman）领导发起了岛上第一次奴隶起义，成千上万的奴隶加入起义大军，捣毁了数百个种植园。1804年，海地革命取得成功，在历经12年的冲突击败拿破仑·波拿巴（Napoleon Bonaparte）的军队后，海地宣布拥有主权。著名的革命领导人之一是英雄杜

海地革命一直在提醒人们被奴役者所拥有的毅力、勇气和力量。

牙买加马龙人

加勒比海牙买加岛是大英帝国最大的殖民地。该岛见证了马龙人（maroon）的频繁反抗。"马龙人"是对逃亡奴隶的称谓，源于西班牙语单词"cimarron"，意思是"凶猛"或"不羁"。1655年英国人接管该岛时，奴隶们纷纷逃离了西班牙人的种植园。他们逃到山里，作为自由人创建了独立的社区，拥有自己的文化、传统和武装力量。1728年，牙买加政府和马龙人之间的第一次马龙战争爆发。在社区领袖库德乔（Cudjoe）和保姆女王（Queen Nanny）等的带领下，马龙人成功击退了英国军队，游击战最终以1734年和平协议的达成而告结束。该协议允许马龙人保有自治社区。

今天，曾经率领马龙人奋勇抗击英国来犯之敌的保姆女王成了牙买加的一位标志性人物。人们公认她是位于牙买加蓝山地区的马龙人聚居区保姆镇的精神领袖、伟大勇士、战略家和神女。保姆女王

▲ 1994年发行的面值500元的牙买加纸币，上面印有巾帼英雄马龙人的保姆女王头像

领导过的村庄仍然存在，如今称作摩尔（Moore）镇或新保姆女王镇。保姆女王成为众多歌曲和诗歌传颂的民族英雄，她的名字"保姆"甚至成为一个家喻户晓的俗语，连面值500元的牙买加纸币上都印有她的头像。凡此种种反映出历史遗产的恒久魅力。作为希望与力量的象征，保姆女王依旧激励着今日加勒比海地区的马龙人。

桑·卢维杜尔。他令人不可思议的政治掌控力和领导力促成了海地国家的崛起，成为加勒比海地区和拉丁美洲首个独立国家，也是历史上唯一一个奴隶起义成功后建立的国家。海地革命的遗产无论怎样强调都不为过。它一直在提醒人们被奴役者所拥有的毅力、勇气和力量。正是这些不愿做奴隶的人们奋起反抗压迫制度，才重新赢得了自己和国家的自由。然而，尽管作为第一个自由黑人共和国的海地为其他殖民地树立了光辉的榜样，但奴隶制仍在各地阴魂不散，尤以巴西为甚，直到1888年才在那里一命呜呼。

法国和英国的扩张行径主要在加勒比海地区；西班牙和葡萄牙对中美洲和南美洲的部分地

▲ 奴隶们在种植园里收获甘蔗，监工挥舞着鞭子在一旁监视

▲ 为法国受众创作的牙买加甘蔗种植园图景完全掩盖了奴隶遭受的暴行

▲ 巴西一个咖啡种植园收获后的午餐时间，监工站在那里虎视眈眈地看管着

区进行了殖民；而墨西哥以南大部分地区则为西班牙或葡萄牙占据。南美洲，尤其是巴西，距离非洲西海岸相对较近，故而将奴隶从大西洋彼岸运至这里比到北美要便宜得多，也更容易。因此，让奴隶一代代繁衍生息并不符合种植园主的经济利益，因为他们往往轻而易举地就能为种植园弄来新鲜的廉价劳力。与北美奴隶状况相比，加勒比海地区、荷属圭亚那及巴西奴隶的死亡率要高得多，而出生率又低得多。因此，如果不源源不断向殖民地大量输送非洲人，欧洲人依赖奴隶生产的局面就难以为继。所以，与加勒比海地区和南美洲的奴隶相比，北美奴隶背井离乡、远离非洲传统的时间更久，往往是数代之前的事情。统计数据也支持这一论点：在约1200万被带离非州的奴隶中，只有大约45万人抵达美国，而仅巴西就接纳了480万人。事实上，巴西作为葡萄牙殖民地，后来又作为一个独立国家，几个世纪以来进口非洲黑奴的数量始终最多。在被带到美洲的所有奴隶中，约43%最终去往了巴西。如今，在巴西2.1亿总人口中，逾9700万

人拥有非洲血统。在全国人口普查（肤色分为白、黄、土著、棕、黑5种）中，他们自我识别为棕色（parda）或黑色（preta）。与加勒比海地区殖民地一样，巴西也需要依靠奴隶来维持其主要商品生产。据史料记载，咖啡产量曾有过惊人的增长期。1821—1825年咖啡出口量为12.5万吨，1851—1855年激增至150万吨。原因有二，一是大量进口非洲奴隶从事的都是劳动密集型劳动，二是咖啡消费量呈爆炸性增长，尤其是在美国。到19世纪中叶，巴西奴隶生产的咖啡占世界总产量的一半，时至1900年，达到世界其他地区咖啡总产量的5倍。今天，巴西仍然是世界上最大的咖啡生产国。这是一个价值数十亿美元的产业，但咖啡工人迄今仍过着奴隶般的生活，人权仍在不断遭到侵犯。

加勒比海地区和南美洲的奴隶制历史往往为人们所忽视，但不应忘却的是，这两个地区都是数百万在跨越中间航道后幸存下来的非洲黑奴的命运归宿。他们踏上了异国海岸，经过直面、挣扎和反抗，最终融入了炼狱般的奴隶社会。

英国黑暗历史

结束奴隶贸易的英国也曾从中赚得盆满钵满

———— ● 爱德华多·阿尔伯特 ● ————

中世纪早期，随着欧洲其他地区相继信奉基督教，奴隶制逐渐消解，但冥顽不化的不列颠群岛仍以死守奴隶制而臭名远扬。在诺曼征服之前，盎格鲁–撒克逊人和凯尔特人依旧按照历史惯性将战俘变卖为奴。虽然"狮子"威廉一世不是什么善茬，但他的新王国却废除了奴隶制。直到15世纪末和16世纪欧洲的急剧对外扩张，奴隶制在很大程度上仍不为人所知，毕竟在常人看来，漂洋过海向南绕行非洲，再向西到达美洲未免有些不自量力。

那是一个蠢蠢欲动、亢奋跌宕的时代。奔向遥远的蔚蓝色地平线就意味着财源可以滚滚而来。在出发寻找财富的人中就有约翰·洛克（John Lok）。1554年，他率领一支由3艘船组成的船队前往非洲。抵达几内亚后，洛克和水手们在岸上进行易货贸易，1555年2月返航。虽然航行途中先后有24名水手葬身鱼腹，但由于洛克带回了大量财宝，人们还是认为他们不虚此行。他们带回了400磅黄金、250根象牙和36

大桶胡椒（人们视其为价值连城的珍品）。除此之外，洛克还带回了5名非洲人。他打算让他们学习英语，以便在未来的贸易航行中出任翻译。从历史记载来看，这些非洲人的身份并不明晰。1557年，普利茅斯商人威廉·托尔森（William Towerson）也有过一次收获颇丰的贸易航行，带回的非洲人身份也不明了。他们可能更多地满足了欧洲人的好奇心，但还不能被称为奴隶。

葡萄牙人首次开辟了向南绕航非洲之角进入印度洋的航线。通过这些新贸易航线流向东印度群岛和南美洲葡萄牙新领地的财富，使葡萄牙从欧洲最西边的一片穷乡僻壤一跃成为世界上第一个真正的全球化帝国。为保护肥得流油的非洲贸易，葡萄牙人在非洲沿海修建了堡垒和戒备森严的炮台，以便船只挂靠在此与非洲内陆的国王进行贸易往来。虽然葡萄牙人开了先河，但竞争对手欧洲海上列强很快步其后尘，纷纷在非洲沿海建起了自己的堡垒。

与非洲内陆进行贸易完全取决于当地非洲统

利物浦奴隶船，威廉·杰克逊绘

自由奴桑乔

伊格纳提乌斯·桑乔（Ignatius Sancho）曾是一名奴隶，后来成为英国作家、作曲家和反对奴隶贸易的活动家。1729年，他的母亲在被运往大西洋彼岸途中，桑乔出生在中间航道的恶劣环境里。母亲在奴隶船抵达南美洲不久后便撒手人寰。只有两岁的桑乔被主人带到英国，送给了住在格林尼治的三姊妹。1731—1749年，桑乔与三姊妹住在一起，并与蒙塔古（Montagu）公爵结识。慈善家蒙塔古是伦敦育婴堂的赞助者之一。他很快注意到了天资聪颖的桑乔，总是从他的图书馆里拿书给桑乔看，帮助他学习阅读。

博览群书、聪明伶俐的桑乔这时已年届20岁，再也无法忍受奴隶制的蹂躏，于是便溜之大吉，在伦敦蒙塔古府上找到了安身立命之所。在那里，他成为公爵夫人的管家，同时继续不断接受教育。1751年，公爵夫人去世，留给桑乔30英镑（约合今天7000英镑）的年金。1758年，桑乔与安妮·奥斯本（Anne Osborne）结婚，他们育有7子，彼此恩爱。

后来，桑乔当上了记者，和许多名流过从甚密。尤其是他与英国著名小说家劳伦斯·斯特恩（Laurence Sterne）的通信成为废奴运动的重要思想基础。"圣詹姆斯公园里大自然那五彩斑斓的色彩在浑然不觉的幻化中凝练成天下最俊美的面庞上那一抹非洲的黑色。这多彩的色度得渐变到什么程度，仁慈才会随之消失？可是，我的好桑乔，有人就是想像驭使牲畜那样竭尽全力地奴役他人。这已然司空见惯。"

▲ 艾伦·拉姆齐（Allan Ramsay）的画作《非洲人肖像》。如今人们认为它描绘的是年轻时的伊格纳提乌斯·桑乔

治者的合作，因为内陆流行的地方病疟疾导致欧洲人活不过一年。随着广泛而有利可图的贸易关系的建立，欧洲商人乘坐满载着昂贵奢侈品的船只抵达他们的堡垒，然后用这些物品交换更值钱的非洲象牙、香料以及越来越多的黑奴。因为在大西洋彼岸的美洲和加勒比海岛屿上，烟草、棉花和甘蔗等新作物的种植不仅一本万利，而且也是劳动密集型产业。

最初，种植园主企图通过剥削美洲原住民来种植这些作物，但由于欧洲疾病的破防对美洲原住民来讲不啻灭顶之灾，加之他们对当地情况熟门熟路，逃之夭夭易如反掌。于是，颇具影响力的宗教头面人物发声，反对盘剥南美印第安人。后来，种植园主们试图从欧洲以囚犯和契约劳工的形式输入劳动力，身无分文的穷人可以通过为出资方服役一段时期（通常为7年）来支付跨大西洋运费。不过，这两条路径都没能提供足够的劳力，尤其是在黄热病肆虐的加勒比海群岛。

于是，葡萄牙人和西班牙人开始把非洲奴隶输入到他们的美洲殖民地。被运到大洋彼岸的非洲黑人进入了一个全新的陌生世界，比受奴役的美洲原住民更加离群索居，想要逃跑比登天还难。事实证明，他们也不太容易患上那些欧洲契约劳力传入的疾病。奴隶船卸下人货后，便满载蔗糖、棉花和烟草返回欧洲。跨大西洋三角奴隶贸易逐渐建立起来。

正如约翰·洛克和威廉·托尔森所展示的那样，英国人最初并没有参与奴隶贸易。但1562年，当女王伊丽莎白一世委任约翰·霍金斯为私掠者时，情况开始发生变化。一群都铎王朝贵族把宝押在了霍金斯身上，资助3艘船驶往非洲。在非洲，霍金斯从葡萄牙人手中掳掠了300名奴隶，然后航行到圣多明各（Santo Domingo，今多米尼加共和国首都），用奴隶换取蔗糖、珍

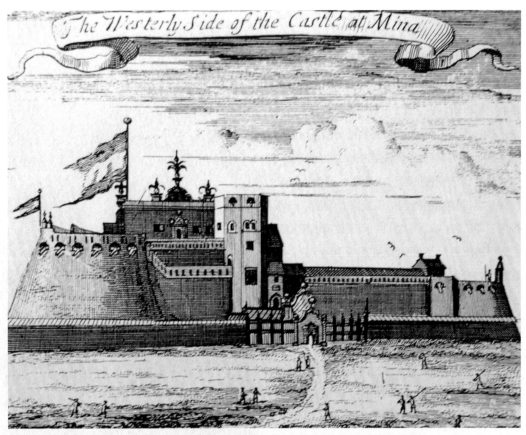

▲ 埃尔米纳城堡是葡萄牙在几内亚湾建立的第一个贸易站。戒备森严的它成为遍布非洲海岸的奴隶贸易站的样板

珠和兽皮。这次航行为都铎王朝牟取了暴利，伊丽莎白一世为此赏赐给霍金斯一枚花饰盾徽，上面绘有奴隶和狮子的图案。奴隶交易收益不菲，但直到17世纪斯图亚特王朝复辟，英国才开始开展大规模奴隶贸易。

蔗糖驱动了奴隶贸易，人们对蔗糖的需求永无止境。17世纪40年代，荷兰商人把甘蔗带到了巴巴多斯。荷兰人从夺到手的巴西种植园中偷得了甘蔗种植知识。他们发现巴巴多斯农民急于学习新种植技术。巴巴多斯是英国的属地，那里的农民早期曾建立了小型农场，种植棉花和烟草作物，但是蔗糖改变了一切。大地主买下小型农场或强迫小型农场出局，建起了大型种植园，专门种植甘蔗。

甘蔗种植是劳动密集型产业。一开始，巴巴多斯种植园主试图把运来的囚犯和契约劳工当作

公司董事们很快意识到，与黄金生意相比，贩卖奴隶来钱更多。

劳力。但是，荷兰人也引进了甘蔗，使用的是非洲奴隶，而且由于劳作艰辛，动辄遭受重罚，奴隶死亡率极高，不过荷兰人似乎有办法用源源不断的新奴隶填补死去奴隶留下的劳动力空缺。在贪婪之心驱使之下，巴巴多斯的精英阶层买入越来越多的奴隶，同时通过立法将他们的身份确定为财产而非人。奴隶贸易快步进入工业化阶段。

随着蔗糖贸易的激增，荷兰人开始为加勒比海地区的英国种植园提供奴隶，但通过一系列名曰《航海法案》的立法，英国政府试图将荷兰人排挤出去，让英国商人和船只取而代之。朝着这个方向迈出的第一步，是1660年成立了皇家冒险家非洲贸易公司。投资者中包括国王查理二世、其弟约克公爵詹姆斯（后来的詹姆斯二世）和伦敦城商人。该公司最初打算做黄金生意，1663年获受奴隶交易的垄断权。公司董事们很快意识到，与黄金生意相比，贩卖奴隶来钱更多。

1672年，这家享有非洲贸易垄断权的公司更名为皇家非洲公司，兼司沿海水域治安巡查之职，凡是竞争对手（被称为"入侵者"）一律拿下。将扣押下来的货物和船只予以出售，所得收益一半归公司，另一半呈王室。用于该公司经营业务的沿海要塞（对外称工厂）由重兵把守，设有俗称奴隶集中营的围栅。非洲俘虏被囚禁其中，等待奴隶船的到来。

及至17世纪80年代，皇家非洲公司每年向大西洋彼岸运送5000人，成为最大的跨大西洋奴隶贩运者。许多奴隶身上都要打上英文字母"DoY"（约克公爵英文首字母。詹姆斯是国王查理二世的弟弟，皇家非洲公司掌舵人，1685—1688年任英格兰和苏格兰国王）的烙印。1688年，詹姆斯二世在光荣革命中被废黜，威廉三世

▲ 西印度群岛种植甘蔗时的场景

▲ 穿越中间航道的典型奴隶船横截面模型

和玛丽二世共治的新政府旋即撤销了皇家非洲公司对非洲贸易的垄断权，因为他们的众多拥趸都迫不及待在利润丰厚的奴隶贸易中分一杯羹。

1698年，奴隶贸易向所有能筹措到航行资金的商人开放，在随之而来的混乱之中，奴隶贸易迎来爆发式增长。据历史学家估计，截至1807年英国宣布奴隶贸易非法之时，英国商人和船只已将310万非洲男女和儿童运送到美洲和加勒比海地区，其中近50万人在航行中丧生。

跨大西洋奴隶贸易使英国的一个个小港口摇身一变成了一座座富裕之城，而伦敦更是富甲一

方。1700—1800年，英国经济从欧洲向大西洋急剧转向。1700年，英国82%的出口商品销往欧洲。100年后，只有21%的出口跨越了英吉利海峡，而61%则融入了大西洋经济。此外，出口在该世纪翻了四番。作为贸易始发港，布里斯托尔（Bristol）、利物浦和格拉斯哥无一例外都变成了举足轻重的富裕之都。

大西洋贸易的激增绝不仅仅由奴隶所带动。英国奴隶经济所占的确切比例仍然存有争议，历史学家和经济学家给出的估计大相径庭。有些人声称奴隶制为工业革命提供了资金保障，而另一

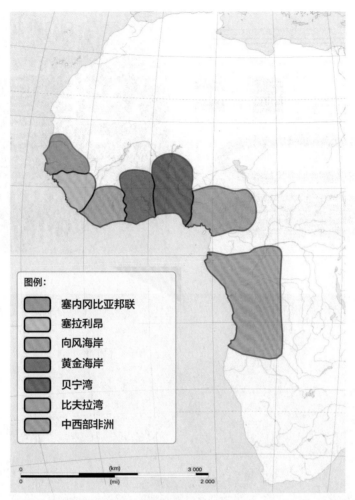

▲ 卷入跨大西洋奴隶贸易的非洲主要地区

图例：

- 塞内冈比亚邦联
- 塞拉利昂
- 向风海岸
- 黄金海岸
- 贝宁湾
- 比夫拉湾
- 中西部非洲

些人则认为，在英国从农村经济向都市经济华丽转身的过程中，奴隶制的资金贡献率微不足道。

奴隶贸易鼎盛时期，奴隶贩子会将制成品，尤其是枪支弹药、布料、铁材和啤酒从英国带到非洲。在那里，他们用这些货物换取奴隶、象牙、黄金和香料，然后通过臭名昭著的大西洋中间航道运往加勒比海地区和北美。然后，奴隶被用来换取加勒比海地区的蔗糖、糖浆、木材和北美的大米、丝绸、靛蓝和烟草，随后再穿越大西洋回到英国。鉴于贸易的每个阶段都有利可图，只要航行顺利，奴隶贩子都会大发其财。不过，

海上航行的种种风险以及非洲和加勒比海地区流行病的特殊危险意味着水手和奴隶死亡率居高不下。

来自加勒比海地区和北美的原材料，尤其是棉花，成为工业革命的重要推动力。在新蒸汽和水处理技术的推动下，棉纺厂成倍增加了可批量加工的棉花产量。到1800年，棉纺工的生产效率是百年前的200倍。中世纪，羊毛一直是英国财富的基础，在18世纪和19世纪，棉花成为英国最大的出口产品。

贸易的爆炸性增长在布里斯托尔、利物浦

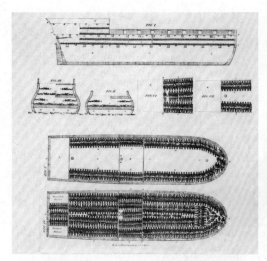

▲ 大型奴隶船示意图

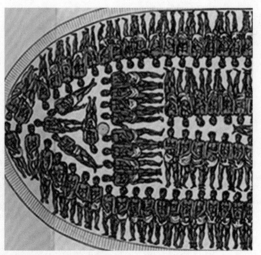

▲ 大型奴隶船甲板布局图

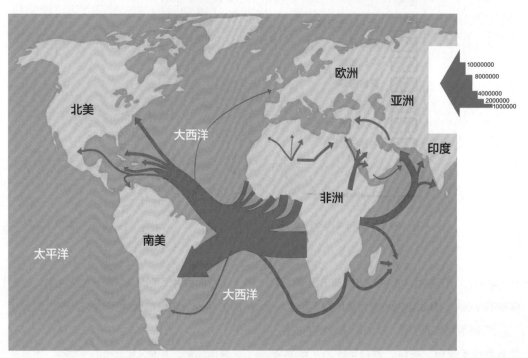

▲ 1500—1900年非洲奴隶流向示意图。箭头的粗细代表运送奴隶的多寡

对英国人来说，奴隶贸易基本上难觅踪影。

和格拉斯哥这三大大西洋港口上也有所体现。1700—1800年，这些港口发展迅猛，格拉斯哥的人口翻了两番。随着贸易的扩大，所有与航运有关的辅助产业都在快速增长，以满足英国日益壮大的富商阶层的需求。许多从事奴隶贸易的商人纷纷为家乡城市基金会和慈善事业捐款。

▲ 约翰·霍金斯爵士在非洲暴利之行后获得的盾徽。请注意奴隶在上端

不过，2020年，爱德华·科尔斯顿（Edward Colston）的雕像被拉倒推进布里斯托尔的河里。他曾捐给家乡布里斯托尔10万英镑（相当于今天的2100万英镑）用于资助慈善机构，包括一所学校和多所救济院。

对英国人来说，奴隶贸易基本上离自己的生活很远。英国几乎没有家奴；对是否允许奴隶存在，法律仍悬而未决。然而，在1772年萨默塞特（Somerset）诉斯图亚特一案中，曼斯菲尔德（Mansfield）勋爵裁定，非洲奴隶詹姆斯·萨默塞特虽系由主人查尔斯·斯图亚特带到英国，但不得违背其意愿将其带离英国。这起案件引起

了广泛关注，成为如火如荼的废奴主义运动的焦点。虽然法律学者仍在探讨曼斯菲尔德勋爵判决所造成的确切后果，但英国公众很快开始认识到，在英国的土地上任何人都不可以成为奴隶。

在接下来的35年里，尽管盘根错节的富人利益集团唱对台戏，但反对奴隶贸易的运动在英国风起云涌，方兴未艾。1807年，议会通过了《奴隶贸易法案》。随后，英国及其海军将注意力转向了铲除一项早先力推的贸易。然而，事情并未到此为止。1833年，《废除奴隶制法案》获得通过，次年写进法律。1838年，奴隶制在大英帝国的领土上被完全废除。

奴隶人生

揭露数百万男女和儿童惨遭奴役的恐怖真相

71　戴着枷锁上路

84　囚禁岁月

98　非洲之灾

1840年透纳（J.M.W. Turner）创作的《奴隶船》。人们普遍认为这幅画作的灵感来自"桑格"（Zong）号大屠杀惨案，描绘的是非洲人被扔进大西洋喂鲨鱼的情景

戴着枷锁上路

作为一条漂浮着谋杀、疾病、酷刑和死亡的水道，
中间航道是历史上最大的没有墓碑的坟场

阿里萨·卢姆巴

曾几何时，无数船只穿越中间航道这一大西洋水道，把非洲奴隶从非洲海岸转运到美洲各地。悠悠400年，至少有1200万人渡过中间航道。这是人类历史上最大一次强制移民，在世界各地黑人群体记忆中留下的重创至今仍隐隐作痛。

正是中间航道把自由人变成了奴隶，进而成为人类商品化进程的组成部分。这些人通过3个关键阶段被"制造"成奴隶：一是仓储（囚禁在非洲海岸堡垒、监狱或集中营里等待装船发货）；二是运输（密密实实地装载后跨洋运输）；三是包装和交付（行将抵达美洲之际，要把俘虏们清洗干净并强迫他们进行身体锻炼，以便下船后能卖个好价钱）。

▲ 很难想象疾病缠身的俘虏们置身肮脏不堪的住处会感到多么痛苦

▲ 奴隶贩子绑架非洲人，把他们押上奴隶船

非洲地方统治集团和商人是支撑贩奴体系顺利运行的重要掮客。非州俘虏忍饥挨饿、遭受虐待和疲惫不堪的境遇，早在中间航道航程正式启航之前便已经开始。实际上，中间航道一直深入到非洲内陆地区。在那里，众多男女和孩子被铁链锁在一起，在商人的监护下被迫长途跋涉徒步向海岸进发。被囚禁在黑暗地牢和围栏里的这些人，晕头转向、恐惧迷茫，精神和自我意识完全

被击垮，而这才刚刚开始。

从人类到商品

皇家非洲公司在非洲和美洲港口雇用了大量代理人来接收和查验俘虏。在非州海岸，白人船长首先要对非洲俘虏做一番评估——他们能给种植园主创造什么价值，然后方能决定是否运载。接受挑选的不仅仅是男性。女性代表着不可或缺

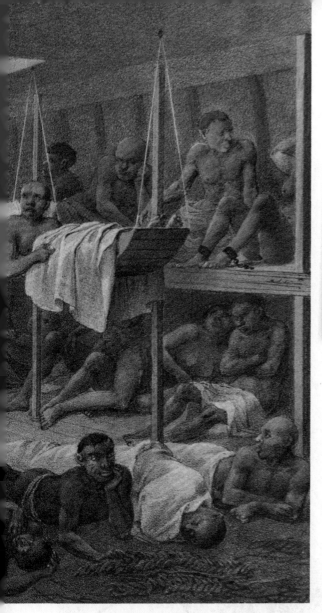

▲ 1880年前后，俘虏们被押上非洲西海岸的一艘奴隶船

来，随着船舶设计和航海技术的不断完善，航行时间得以极大地缩短，到1820年，只需大约50天便可跨越大西洋。下船前，会给奴隶们染发剃须，让他们看起来更加年轻；还会遮盖伤口，用棕榈油涂抹全身；痢疾患者的直肠将用绳子堵住，防止不小心发生泄漏。所有这一切都是为了确保俘虏处于最佳出售状态，以便待价而沽。

与中间航道配套的基础设施建设规模巨大，有众多跨领域、跨地区雇佣劳力和熟练工人参与其中，仅造船业就牵扯了无数行业介入奴隶贸易。玻璃工、造船工、制桨工、泥瓦匠、绳索工、帆布工、铁匠、锡匠、木工、室内装潢工以及更多无辜工人的付出，才使得奴隶贸易成为可能。船上装有回旋枪，可以随时把枪口对准甲板上的奴隶。成套的刑具也唾手可得：塞口布、面罩、火枪、绳索、鞭子、镣铐、颈锁、强制喂食器、烙铁和颈箍等，不一而足。专业乐师和

的性资产，要从审美的角度对她们进行筛选。事实上，颜值在奴隶市场上的影响力可能被低估。俘虏们被铐在一起，防止他们逃跑或自由行动。有些人会在被缚之前跳海自杀，从此永远地留在了自己难分难舍的家园。

从非洲到美洲的旅程漫长艰苦，危机四伏。早期横渡大西洋平均需要133天。几个世纪以

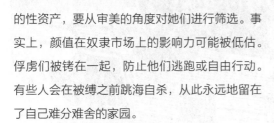

女性代表着不可或缺的性资产，要从审美的角度对她们进行筛选。

"桑格"号大屠杀：中间航道的血证

1781年，一艘名为"桑格"的奴隶船上发生了一起离奇而又可怕的事件，一时间街谈巷议，人心惶惶，从而首度引发了公众对英国奴隶制的严重关切。突然之间，人们感觉到奴隶贸易并非发生在遥不可及的异国他乡。在某种程度上讲，每个人都牵扯其中，而英国对中间航道发生的一切负有不可推卸的责任。

是年，由威廉·格雷森（William Gregson）经营的利物浦奴隶公司向非洲开普海岸派出了一艘名为"威廉"的奴隶船。几个月过去后船上才装满俘虏。与此同时，英国政府扣押了荷兰"佐格"（Zorg）号和船上的244名非洲人并进行出售。格雷森将其买下后又强行塞进去196名奴隶，远远超出了"佐格"号的运载能力。但是，装运的奴隶越多赚得的利润也就越多，所以过度超员现象司空见惯。他们决定将该船更名为"桑格"，还从"威廉"号上拼凑过来一小批水手。

4个月后，"桑格"号启航驶往牙买加黑河。后来他们才发现船已经驶过了目的地，航行时间比预期的要长得多。水手们以为船上有足够的水，所以错过了补给站。没有经验的水手没有料到这会造成什么样的后果，结果是船上的淡水根本不够整船人饮用。船长卢克·科林伍德（Luke Collingwood）下令分3批杀死非洲人，以期能逐渐减轻淡水压力，使卖相最好的奴隶最终能存活下来。此时，一些俘虏已经在船上被囚禁了一年。体弱和脆弱之人毫无选择的机会。132条鲜活的生命就这样被抛下船，命丧黄泉。

这并非第一次在中间航道上草菅人命。这起案件最初引起公众关注的唯一原因是格雷森公司起诉保险公司赔偿132件货物损失。此举并未立即燃爆民怨。格雷森对此毫不掩饰，因为他知道没有办法做到瞒天过海，况且也不可能有人指控他们谋杀，关于这一点他们甚至都懒得去想。事实上，他们很轻松地便得到了保险公司的赔偿。直到后来，住在伦敦的自由奴隶奥劳达·埃奎亚诺（Olaudah Equiano）在报纸上看到了这起案件的报道。经与经验丰富的废奴主义者格兰维尔·夏普磋商，1783年，他们一起以谋杀罪的指控向法院提起诉讼。他们首次提出非洲奴隶也是人的主张，132人之死属蓄意谋杀。上诉很快被驳回，最终以败诉告终。然而，埃奎亚诺和夏普诉讼案的影响远远超出了法律范畴。人们破天荒地听到了这样的质问：这不算谋杀吗？他们是人还是货物？在缺水的情况下，会不会有人想过把白人扔到海里去？作为一个人意味着什么？

"桑格"号大屠杀绝非孤立案件。它与在类似情形下发生的许多其他大屠杀没有什么不同。同样，有关"桑格"号大屠杀的一手史料无迹可寻，更不用说船上非洲人的凄惨经历了。但是，这场惨案唤醒了英国民众，废奴运动由此如火如荼地开展起来。它使人们进一步看清了中间航道的罪恶以及奴隶制在法律和道德方面存在的严重问题。显而易见，为改变奴隶贸易，必须在法律上做出改变。此后，这成为废奴运动的焦点。

▲ 当代木刻画所描绘的1781年"桑格"号大屠杀时奴隶被扔出船外的场景

▲ 平版印刷画《奴隶船上的暴动》（1851年）。水手们向奴隶开火，许多人跳入水中

外科医生住在船上，轮流扮演许多不同的角色。1807年，大英帝国废除了奴隶贸易，由此本应让千帆竞渡、百舸争流的中间航道归于沉寂，然而在19世纪最初几十年里，非法贸易仍然向美国和美洲其他地区运送了数千名奴隶。最后一艘抵达美国的奴隶船是1860年的"克罗蒂尔达"（Clotilda）号。

不过，只有大约5%的跨越中间航道的船只前往美国。抵达巴西和加勒比海群岛的船只分别是美国的10倍。船上以男性为主，但妇女和儿童也十分抢手，尤其是在奴隶贸易的早期，奴隶船上45%的俘虏都是女性。值得注意的是，儿童（主要是男孩）所占比例却从17世纪的5%—10%上升到19世纪的50%。将近一半的非洲奴隶来自安哥拉和刚果王国。接下来最重要的地区是非洲"奴隶海岸"上的贝宁湾和比夫拉湾（Bight of Biafra）。美洲种植园主经常对手艺出众、性格随和、行为温顺的特定种族的奴隶表现

即便清洗，气味和毒菌仍无法去除。

出偏好和渴求。例如，众所周知，来自黄金海岸的奴隶在水稻种植方面有着丰富的经验，而南卡罗来纳州的稻田恰好需要这方面的技术。另外，伊博族人（Igbo）以温顺、驯服、忠诚、遵从著称，因此深得主人的信任和赏识，往往被用作家仆。

疾病开始在沿海奴隶圈中传播，旅程尚未开始，士气和抵抗能力便已丧失殆尽。为尽快把船只装满，俘虏们在不同船只之间转来转去，从而加剧了细菌和疾病在人群中的流行。男男女女挤在密不透风的空间里，只会每况愈下。

▲ 奴隶船内部图景（1843年），密集装载和非人状况一目了然

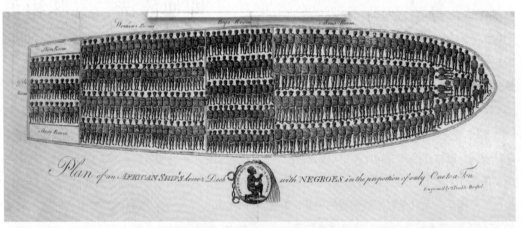

▲ 著名的奴隶船"布鲁克斯"号。这幅1787年的版画描绘了船载奴隶的理想方法。此情此景成为废奴主义事业最有震撼力的一个象征

　　另一个可怕的致病原因是体液和排泄物在货舱四处横流，导致臭气熏天，皮肤病和有毒细菌滋生蔓延。这些液体浸入船木结构中，极难清除掉。即便俘虏在甲板上强制锻炼时会进行清洗，但气味和毒菌仍无法去除。舱内空气污浊得令人窒息。他们的身体逐渐适应了舱内的空气环境，以至于被迫登上甲板时，许多人会因肺部吸入纯净空气而晕倒甚至猝死。

　　除偶尔有机会共用一盆水之外，俘虏们无法清洁自己，况且集体洗漱也根本无法做到真正的

▲ 18世纪非洲俘虏与奴隶船水手在搏斗。俘虏的数量远远超过水手

清洁。在这盆污染的死水中洗脸，不小心还会造成呛水，招来的苍蝇和害虫更是携带着病菌。唯一的身体打理就是强行剃掉头发和体毛，以免虱子和寄生虫泛滥，成为粪便和尿液的藏匿之地。尽管如此，难得打理一次、有时清洗后还可以往身体上涂抹棕榈油以防止皮肤病和皮肤干燥，会给俘虏们造成一种幻觉，误以为身体自主，尊严尚存。

生死未卜

冒着因病致死的风险把尽可能多的奴隶紧紧地塞进舱内，或者在更安全、更宽敞的前提下少装载奴隶，究竟哪种做法更加可取，当时人们争论不休，莫衷一是，从未真正得出过结论。因此，许多人的命运最终取决于他们被迫登上的船只类型、大小和装载密度。船长通常会购买比实

The ABOLITION of the SLAVE TRADE.
Or the Inhumanity of Dealers in human flesh exemplified in Capt Kimber's treatment of a young Negro Girl of 15 for her Virgin Modesty.

▲ 金伯船长对一名15岁黑人少女的虐待足见废除奴隶贸易或不人道的人肉生意的必要性。图中的她因表现出"处女的矜持"而被奴隶船上的水手用绳索套在脚踝上高高吊起

Death of Capt. Ferrer, the Captain of the Amistad, July, 183

Don Jose Ruiz and Don Pedro Montez, of the Island of Cuba, having purchased fifty-three slaves at Havana, recently imported from Africa, p
n board the Amistad, Capt. Ferrer, in order to transport them to Principe, another port on the Island of Cuba. After being out from Havan
our days, the African captives on board, in order to obtain their freedom, and return to Africa, armed themselves with cane knives, and rose u
Captain and crew of the vessel. Capt. Ferrer and the cook of the vessel were killed; two of the crew escaped; Ruiz and Montez were made pr

▲ 1839年的一份报纸报道了在古巴附近发生的著名的"阿米斯塔德"（Amistad）号奴隶船起义事件。这是美国废奴运动爆发的主要导火索

虽然暴力、有组织反抗极其困难，但也确有先例。

际需求要多的人，因为他们非常清楚途中极有可能发生群体死亡事件。奴隶船因其散发的恶臭而声名狼藉，然而，在奴隶船建造方面却没有任何相应的规定，全凭个人的决断和需求。不过，随着时间的推移，奴隶船的总体设计和标准确实发生了变化。人们清楚地看到，通过增加空气的流动性、让清洁和消毒操作起来更加容易，便可保全奴隶性命或者说为货物止损。船上死亡率逐渐有所下降，从17世纪初的26%下降到18世纪末和19世纪初贩奴高峰时的10%。然而，奴隶贸易在1808年完全废除之前的最后一两年，死亡人数激增，因为船长们争先恐后地把尽可能多的人运出非洲，而这在当时仍然是合法的。

中间航道之旅的食物来自大西洋的不同地区，完全是大杂烩。在英国，船长会装载豆类、面粉、面包、燕麦、饼干、黄油、酒和肉类；在非洲靠岸时，他们会捎上芭蕉、香蕉、棕榈油、干鱼、木薯、大米和其他谷物、白兰地，最重要的是山药。贩奴航行对山药的依赖性极大，因为它们在长途航行中易于存储，不会变质。由于高温和变化莫测的天气，新鲜水果和蔬菜容易腐烂，因此绝无仅有。如象鼻虫和蛆虫等害虫和鼠类在船上与人争食的现象司空见惯。食品也经常因潮湿、发霉而无法食用。确保船上始终有足够的淡水供应也是一项严峻的挑战，需要周密计划，也需要窍门。为节约用水，会给奴隶们分发白兰地和朗姆酒，但这只会陡增他们的谵妄和迷惘。

孤寂旅途

船上的人可能来自许多不同的文化、语言、种族和宗教群体。人们往往找不到与他们说同一种语言的人，这无疑平添了人们的恐惧感。这种孤立和混乱无孔不入。奴隶贩子会蓄意利用这一点，故意把两个讲不同语言的人绑在一起，以防因能交流而密谋逃跑或反抗。把奴隶们绑在一起也是为了阻止他们自寻短见。在某些情况下，由于被捆绑在一起的两个人没有共同语言，他们甚至连一些最基本的事情都无法配合完成。

为提振精神，防止奴隶身上的肌肉因缺乏运动而萎缩，帮助血液循环，促进消化，增加维生素D，俘虏们被迫定时爬上甲板，伴着鼓点或小提琴演奏的旋律蹦蹦跳跳，也就是所谓的"跳舞"。船只越接近目的地，刻意安排的舞蹈锻炼的频率就越高，这样俘虏看起来就显得更加健康、充满活力。每逢此时，他们的脸上都得挤出笑容，强作欢颜，蔫头耷脑、无精打采一定会招致鞭打或虐待。虽然此间毫无颜面可言，但对于俘虏来说，这也是一个舒展筋骨、呼吸新鲜空气、跳传统舞蹈、讲述家乡逸闻趣事的机会。当然，还可以利用这段间隙分析船上水手的情况，密谋逃跑或谋杀的细节。

反抗的代价

起义的奴隶们想要通过杀死或关押水手成功夺取船只，顺利折返非洲，关键要素之一是精诚合作与严密组织。鉴于俘虏之间存在语言障碍，加之生存条件极端恶劣，起义成功几乎是不可能的，水手们对此心知肚明。航行中起义的比例约占10%，语言不通可能是叛乱发生频率不高的一个重要原因。在俘虏较少的小型船只上发动叛乱要容易得多，但无论在什么情况下，船上起义都蕴含着极高的风险。奴隶可能会在打斗中被杀，如果起义失败，他们可能会被处死或施以酷刑。稍有闪失，他们便毫无退路，更不可能选择罢手。俘虏们通常都没有必要的航海技能来驾

▲ 18世纪的非洲海岸，水手们用小船把俘虏摆渡到奴隶船上

驶船只驶向自由港湾。在人为营造出来的恐怖气氛中，俘虏们免不了会互相揭发，向水手告密起义计划。作为回报，他们可能会获得更大的自由度甚至摘下镣铐，可以在甲板上干活，分到更多的食物和得到其他好处。那些背叛同伴、投奔水手的俘虏在航程中能过得更舒服些，颇受白人待见，俨然高人一等。不过，的确有奴隶起义后成功驾船返回了非洲，尽管这种例子实属罕见。

虽然暴力、有组织反抗极其困难，但也确有先例，这让船长们如坐针毡。比较而言，个体的小规模反抗更为常见，也更具杀伤力。当然，反抗形式不拘一格，跳舞、唱歌、分享故事都能让人不忘自我，感受到与祖国的血脉联系，进而誓死不做奴隶，尽管奴隶贩子千方百计地予以扼制。奴隶们相信死后就能回到自己的祖国。因此，许多人宁可绝食至死或者在甲板上不受束缚时跳船投海，也不愿被拉进一种情非所愿的生存状态。

▲ 这幅版画描绘了西非奴隶奋起反抗奴隶贩子的场景

女性力量

女性的自杀率高于男性。比较说来女性经常会被松绑，因为她们不像男性那样令人心生恐惧，而且不那么具有威胁性，这给了她们更多跳海自尽的机会。孕妇将肚子里的孩子打掉或母亲杀死自己的幼子以免将来受罪，这种情况屡见不鲜。有的女性则在承受鞭打和折磨时放声大笑，借此折磨那些试图摧残非洲人精神的水手们。

1792年的一幅宣传废奴主义事业的著名招贴画，描绘了一名赤身裸体的黑人女性被捆绑在甲板上，金伯（Kimber）船长一边大笑一边挥鞭抽打。经过此处的水手随意看了几眼，貌似有些许不安，但肯定没有感到惊讶。由于女性被迫为水手们服务，而且经常遭受性虐待和强暴，所以在船上自由活动的空间较大。鉴于她们行动相对自由，因此可以打着服务的幌子收集武器和金属物件，偷走镣铐钥匙，充当眼线和把风放哨。统计数据显示，女性数量较多的奴隶船上起义更频繁，也更成功。女性在中间航道起义过程中所发挥的重要作用和扮演的核心角色不容小觑。奴隶船无异于一座漂浮的监狱，是各种形式反抗的温床，人们愿意为自由赴死。船上的所有人都在恐怖中度日如年，但每个人的感受因年龄、性别、健康状况和承受能力的不同而有所差异。

泪眼汪洋

陆地和海洋之间浑然无界。海洋把大陆连缀在一起，藏匿了大西洋世界的累累暴行。如此说来，海洋就不仅仅是承载船只的被动水体，还在奴隶制历史上扮演了一个主动角色。潜伏在波谷浪峰之中的鲨鱼也是如此。这些饥肠辘辘的饕餮食客在狼吞虎咽、毁尸匿迹之际沦为白人水手的同谋。18世纪的一份出版物甚至还刊载了一封"鲨鱼来信"，极尽幽默、讽刺之能事，恳求英国议会不要废除奴隶贸易，因为如果没有非洲人的尸体，他们岂不是得饿死？大海是永恒的死亡地带，一个黑人与白人、男性与女性、健康人与垂死者之间不断角逐抗争之地。中间航道沉浮的罪孽之所以令人毛骨悚然，是因为它们发生在海上。海洋迅速吞没、隐藏了犯罪的痕迹，加之它超越了国家的界限，不归任何一个国家所独有，因此让哪个国家及其人民为今天的悲剧负责就变得异常艰难。我们该如何纪念和追忆400年来在无名和无主海域发生的一系列林林总总的事件呢？

大西洋彼岸的登陆地当然不是中间航道的终点。在这段旅程中，通过身体、性、情感和心理施虐，奴隶们慢慢地变成了动产。这是融入充斥着暴力和驯服的社会新秩序的开端，或者说，关押和监禁将注定成为他们未来生活的显著特征。每年会有越来越多的非洲人来到种植园。这些新人使得非洲传统在美洲各地得以赓续，被奴役多年的奴隶骨子里的非洲文化习俗得以复兴。同时，随着人们的口传心授，中间航道的记忆也得以流传至今，成为背井离乡的非洲人久远历史的一部分。

船上炼狱

奴隶船上的每个人都等级分明。最残酷的暴行无疑是留给奴隶承受的；普通水手的地位也很低，经常会因为受到虐待和恶劣的工作条件而闹事。面对鞭笞、暴力甚至体罚致死，他们并不总能幸免。船靠岸美洲时，受尽折磨的水手往往会作鸟兽散。不过，这对船长来说未尝不是一件好事，因为在返航英国时没有人货配载，船上自然不需要那么多水手。所以船长动辄就对水手们拳打脚踢，逼着他们跳船逃跑，这样也就不必支付他们的返程费用。身无分文、饥肠辘辘、无家可归的水手们经常在加勒比海沿岸地区和北美港口城镇的街道上四处游荡，最终被当地人甚至奴隶收留。这些事例足以说明中间航道上过往的奴隶船简直就是巨大的苦难机器。

从奴隶或低级水手的角度去理解中间航道的经历很难，因为无论肤色黑白，他们几乎都是文盲，只有高级船员除外。我们所掌握的关于中间航道的大部分史料都来自贩奴圈内上流人士的书面资料。除普通水手罕见的存世日记外，船长、外科医生的笔记、日记和信件也能揭示出这些旅程的一些细节。还有就是运输途中要求记载的死亡记录、销售账目以及议会有关中间航道辩论过程中留存的法律纠纷记录和奴隶起义回忆。尽管如此，我们也只能管中窥豹地瞥见"木制世界"中不同群体刻骨铭心的经历之局部。

▲ 约1850年，一名水手在"格洛丽亚"（Gloria）号货舱里的奴隶中间巡查

恐怖器械

在加勒比海库拉索（Curaçao）岛威廉斯塔德（Willemstad）库拉·胡兰达（Kura Hulanda）博物馆展出的镣铐和锁链。这些器械用于在极端恐怖的中间航道上运送男女和儿童奴隶。航程约80天，由于舱内环境逼仄，俘虏们被束缚在一起，并排躺着，一排人的脚抵着另一排人的头。因窒息、营养不良或染病致死是家常便饭。

囚禁岁月

揭露美国南方种植园里奴隶们的
悲惨生活

斯科特·里夫斯

当奴隶船驶近中间航道的终点时，西大西洋港口的奴隶贩子们从空气中便能提前嗅出他们的靠港——船上恶劣的生存环境形成的令人作呕的气味随风而至。然而，努力给潜在买家留下尽可能好的印象符合船长的最大利益。奴隶贩子都想把健康强壮的奴隶卖给美国南方的种植园，而不希望见到染疾或病入膏肓的奴隶。他们也不愿收购因受惩处而遍体鳞伤的奴隶，因为这样的奴隶将来可能还会兴风作浪，胡作非为。

奴隶们被带下船，要用力擦洗身体以清除污垢；头发经过梳理去结；开放的伤口要用热焦油填塞以期早日痊愈，至少可以暂时去除感染的气味和脓疱。拍卖会前几天会给奴隶们改善伙食，好让他们的皮肤看上去更有光泽。

买家将应邀前去检查待售的奴隶。他们又拉又戳，测试奴隶四肢的灵活性，观察奴隶的牙口，向会讲英语的人提问。拉起手背上的皮肤来

采摘棉花非常耗时，需要奴隶们从早干到晚

哭泣时刻

1859年3月，在佐治亚州萨凡纳（Savannah）附近举行了为期两天的规模盛大的奴隶拍卖会，以偿还奴隶主皮尔斯·米斯·巴特勒（Pierce Mease Butler）欠下的赌债。如今，人们将这场活动称为"奴隶大拍卖"或"哭泣时刻"。400多名奴隶从巴特勒岛种植园运到了坦布鲁克（Ten Broeck）赛马场。拍卖会开始之前，这些奴隶被关在马厩里达4天之久。大约有200名潜在买家冒着暴雨前来观摩。反奴隶制组织成员也潜入奴隶贩子当中，并在拍卖活动结束后撰写了严厉的批评文章。

由于已经在棉花种植园里生活、工作了很久，巴特勒岛上的许多奴隶都堪称熟练工人。一些人是机器操作工，另一些人是铁匠和鞋匠。奴隶的最高单价为1750美元，最低价格是250美元。到第二天拍卖结束时，已有429名奴隶易手。

7名未售出的奴隶要么生病，要么残疾，没人出价。拍卖时一家人放到一起，捆绑出售。然而，当买家将部分到手的奴隶转售给新主人时，至少有一个家庭会被拆散。

FOR SALE.
LONG COTTON AND RICE NEGROES.

A GANG OF **460 NEGROES**, accustomed to the culture of Rice and Provis ons; among whom are a number of good mechanics, and house servants. Will be so d on the 2d and 3d of March next, at Savannah, by JOSEPH BRYAN.

TERMS OF SALE.—One-third cash; remainder by bond, bearing interes from day of sale. payable in two equal annual instalments, to be secured by mortgage on the negroes, and approved personal security, or for approved city acceptance on Savannah or Charleston. Purchasers paying for papers.

▲ 1859年的奴隶大拍卖交易额高达303850美元，相当于今天约1000万美元

测试弹性是验证奴隶年龄的一个指标。年轻、健康的奴隶在拍卖中总能卖出最高价格。年迈体弱、明显病态的奴隶则等待竞拍。双方事先商定每人的标价，买家随即争先恐后地挑选他们想要的奴隶。

买主通常不去考虑奴隶的家庭关系，结果往往造成夫妻分居，骨肉分离。一名曾经的奴隶回忆起她母亲的痛苦经历时说："我妈年轻时，他们把她放在空地上卖掉了。拍卖是在弗吉尼亚州里士满搞的。出货时，我妈当场昏死过去。我当时就懵了，想跑过去看看躺在地上的妈妈，可买主就是不让。他像赶牛似的把妈弄走了。"

即使全家人幸运地被同一买主买下，也不能保证今后就能生活在一起。在美国，倒卖奴隶的事时有发生。奴隶一辈子可能会被买卖多次。种植园主负债累累时就会被迫卖掉奴隶，有些人则专等奴隶母亲所生的孩子长到干活年龄时再出手，而有些奴隶主只要价格合适，会抓住任何机会通过出售奴隶来大赚一笔。

1760—1860年，美国国内奴隶交易多达120万单。1808年禁止向美国出口奴隶后，交易明显提速。奴隶拍卖活动不单单在港口和南方种植园周围举行。1711—1762年，纽约华尔街的鲜肉市场就举办过奴隶拍卖会。

弗吉尼亚州亚历山大市的富兰克林和阿姆菲尔德（Armfield）是最忙碌的拍卖行之一。拍卖行老板从19世纪上半叶劳动力过剩的弗吉尼亚州、马里兰州和特拉华州把奴隶带到常年需要补充劳力的南方种植园，从而发了大财。1850年，美国将近90%的奴隶都在专门种植棉花、大米、甘蔗和烟草的农场或种植园里生活和劳作。

悲惨生活

无论是初来乍到还是久居于此，大多数种植园奴隶都被安置在昏暗的小木屋里，从通铺到多人宿舍式房间大小不一。即使在空间宽阔的大型种植园里，奴隶的居住面积也会压缩到最小。地面是夯实的泥土。木板之间的漏洞和裂缝用泥巴堵塞。木烟囱经常呛烟，小木屋里动辄烟雾弥漫。

▲ 在奴隶拍卖会上，买主往往把奴隶一家人分开出售。他们更在意的是奴隶的健康状况和手艺技能

　　小木屋里通常不再分割房间，即使多个家庭共享的也是一样。奴隶们经常用木头或布料当作隔断，以维持仅有的可怜的隐私。奴隶们做饭、吃饭和睡觉必须都得在这些简陋的棚屋里解决。有些人晚上要被锁在屋里，只好在黑暗的角落里解手。

　　奴隶没有床，大多数人就睡在地上的木板或毯子上。奴隶出身的反奴隶制运动人士弗雷德里克·道格拉斯（Frederick Douglass）说："没床铺睡觉比没时间睡觉要好过得多。"

　　种植园奴隶大清早就被号角声叫醒，半个小时之内就得出门干活，有时天还没亮。等待他们的又是一个躬耕垄亩的一天。种植园奴隶要干的农活主要是作物的播种、侍弄、收获和加工。

　　由于棉花、甘蔗和烟草种植园里的作物需要持续侍弄，因此会根据体力把奴隶分成组。身强力壮的男女分在第一组，通常在他们十八九岁足够强壮的时候加入进来。鉴于种植园劳动十分辛苦，10—12年后长期劳作的他们会出现体力透支，这些奴隶将被转至第二组，从事一些不太消耗体力的劳作。

　　夏末种植甘蔗之前，种植园里的土需要用锄头翻动。第一组人挖出大约20厘米深、1米宽的正方形，把土堆在四边。第二组紧随其后，在用土壤和肥料回填之前，每个坑里种植两根甘蔗插条，然后回填土壤并施肥。这个活十分累人。每个奴隶每天要挖100个坑，翻动多达40立方米的土壤，而所有这些都是在一年中最热的日子里完成的。每篮重约30公斤的肥料必须手工抬进田间，只够给两个坑施肥。

　　当奴隶年满40岁时，他们便进到第三组。尽管他们已经精疲力竭，但仍然有活等着他们去干。给种植园除草是一场无休止的战斗，第三组人还要负责捕捉以甘蔗为食的老鼠。

▲ 弗吉尼亚州富兰克林和阿姆菲尔德公司的奴隶圈高墙林立，门窗上都安有监狱式的铁栅栏

> 　　大量养有百人以上的种植园发展起来。为确保如此众多的奴隶能俯首帖耳地劳动，动用的管教手段极其残酷。

其他劳动环境

　　其他种植园的劳动也同样艰苦。在劳动密集型的棉花种植园里，奴隶得从早到晚采摘和捆绑棉花。随着棉花成为南方第一产业，特别是1793年轧棉机发明后，大量养有百人以上的种植园发展起来。为确保如此众多的奴隶能俯首帖耳地劳动，动用的管教手段极其残酷。

　　在弗吉尼亚州、肯塔基州、南卡罗来纳州和北卡罗来纳州，烟草种植园较为普遍。烟草种子必须精心催芽，先在苗床培育，然后在天气足够暖和的时候移栽到大田管理。每天都要一丝不苟地检查，进行初花打顶掐尖并拔掉与作物争养分的杂草，使中下部烟叶尽可能多地进行光合作用。

　　烟叶成熟后开始采摘，或者将整棵烟草植株挖出来挂在谷仓里晾干固化。加工和包装与大田作业一样累人。正如亨利·克莱·布鲁斯（Henry Clay Bruce）回忆的那样："从日出到日落我一分钟都闲不下来，还不准和任何人讲话……一年到头从早到晚都得坐在铺满烟草的长椅或桌子旁捆扎烟叶，除了早晚各有30分钟吃饭，其余

▲ 跳舞和唱歌是奴隶们为数不多的借以保持祖先传统和文化的两种方式

▲ 尽管奴隶之间的婚姻是非正式的，但农场主还是认为组建家庭的奴隶不太可能逃跑

时间全都忙得脚打后脑勺儿。跟蹲大狱没什么两样。"

水稻植株抗性较强，不需要像烟草那样精细管理。因此，卡罗来纳州水稻种植园的奴隶往往以任务分工而不是以体能分组。每个奴隶专司一项特定的任务，一旦任务完成，剩下的时间就可以随心所欲地干。任务系统促进了劳动分工的性别化。女性奴隶通常负责水稻的种植、除草、收割和加工；男性奴隶则负责外围基础设施建设，如运河修挖和稻田供水等。

余暇

不管种植园里的主要作物是什么，经过12—15个小时的劳作（收获期时间更长），奴隶们都可以回到自己的小屋准备晚饭。口粮每周分发一次，通常有玉米粉、面粉、猪油、糖蜜和少量肉类。菜地或菜园能让奴隶们偶尔换个口味，

▲ 甘蔗的种植和收获是件苦差事，全都落在分组奴隶的肩上

很少有奴隶体重超重，许多人因营养不良而患上坏血症。

增加点额外的营养。奴隶的早饭和晚饭基本都是用这些食材做的玉米饼。

白天的正餐由伙夫在厨房里准备。伙夫通常是一个上了年纪的奴隶，没有体力继续在田间艰苦劳作。午饭休息时间，食物早已经为奴隶们备好。食物很简单，通常都是炖菜。很少有奴隶体重超重，许多人因营养不良而患上坏血症和佝偻病。

除了吃饭，奴隶们可以利用在小木屋里的时光与家人和朋友见面。对于那些在田里辛勤劳作的父母来说，这是唯一能见到孩子们的机会。年长的妇女往往留下来照顾年幼不能干活的孩子。需要母乳喂养的婴儿每天会被带到母亲身边两三次。通常孩子们在达到劳动年龄之前都不穿衣服。每年圣诞节，成年奴隶都能收到一套新衣服。老年人得到的衣物会多一些，以帮助他们度过漫长寒冷的冬夜。

种植园里的奴隶逐渐自发形成了社区。主人们通常乐见其成，毕竟形成亲密关系的奴隶不太可能造反或逃跑。男女奴隶可以在非正式仪式上结婚，但婚姻没有法律约束力，因此破裂的家庭不乏其例。

奴隶夫妇的孩子生下来就是奴隶。由于小木屋里的恶劣条件，儿童死亡率很高，但幸存下来的人长到一定年纪就要被迫参加劳动。起初的任务包括在田间劳动的奴隶送水或帮助照顾年幼的孩子。到了七八岁，孩子们就得在田里与成年

▲ 奴隶们往往住在简陋的小木屋里，只有一个房间可供起居和睡觉

▲ 奴隶们在种植红薯。种植和收获季是农忙时节，需要身体健康的男女老少齐上阵

▲ 种植园家奴的生活和劳动条件相对较好，但他们同时也战战兢兢，如履薄冰

人并肩劳作。因为禁止奴隶上学，孩子们没有机会接受教育，许多州都通过立法严禁奴隶学习阅读和写作。

有些奴隶主还不准奴隶去教堂做礼拜。由于深知基督教会的教义并不赞同奴隶制，因此奴隶主们非常希望奴隶们不会将耶稣教义理解为主张人人平等。

主人家里的罪恶

田里干活的奴隶通常在非收获季节每周可以有一天休息，但这一特权并不适用于家奴。奴隶主哪肯一周中有一天自己打理生活？于是，奴隶们担当的保姆、厨师、洗衣工、园丁、清洁工和仆人便出现在种植园。比较而言，家奴的生活和劳动条件较好。他们有时能得到较好的食物（通常是奴隶主吃剩下的饭菜），还能捡到主人丢弃

的衣服。有些家奴甚至还接受了初级教育，尽管教奴隶读书是非法之举。

与奴隶主朝夕相伴也会横生祸端，因为奴隶主及其家人的任何突发奇想都能让家奴吃罪不起。来自北卡罗来纳州的家奴哈丽特·雅各布斯（Harriet Jacobs）回忆道，女主人"会亲自守在厨房，专等盘子撤下来，然后往所有的餐具里吐痰"，以防止大厨偷吃剩饭。出错的家奴必定遭到毒打。女奴经常被男性家庭成员强奸。

所有的奴隶，无论置身何处，为谁卖力，都时刻面临着被体罚的危险。在奴隶劳动时负责监督的白人监工也好，被指派担任工头的奴隶也罢，都心狠手辣，令人望而生畏。

管控的主要形式是鞭子和棍棒。奴隶可能会遭到残暴的鞭笞或殴打。由于手段极其暴力，有时甚至致残或致死。虽然奴隶失去劳动能力对奴

93

城市奴隶

▲ 城市中的奴隶通常是熟练的工匠，但也有人在造船厂和工厂里干活

虽然大多数奴隶集中在种植园里生活和劳动，但栅栏之外还有奴隶艰难度日。1860年，约有14万奴隶居住在城镇。在打响内战第一枪的南卡罗来纳州查尔斯顿，1/3人口都是奴隶。

城市奴隶通常都是技术娴熟的手艺人。他们没有像种植园里的黑人兄弟们那样遭过大罪，所从事的大多是裁缝、屠夫、泥瓦匠、建筑工人和铁匠等职业。有些人是学徒，还有人在造船厂、工厂和仓库工作。

有时，他们和主人住在一起，通常是在阁楼、后屋或外屋。一般说来，他们的境遇比种植园的同胞要好一些。这并不是说城市主人多么人道，而是因为近距离的日常接触令主人对奴隶下死手痛殴有所忌惮，担心自己的声誉由此受损。

城市奴隶经常要参与户外大型建设项目，在此期间，生活条件往往会急剧恶化，住的也是宿舍式棚屋，与种植园中的原始小木屋相差无几。不过，单个奴隶技工可能享有更大的独立性。一些人还被赋予了对自己事务的一小部分控制权，包括同意租赁条件和留用部分费用。

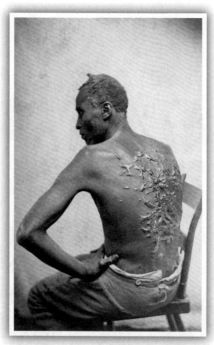

▲ 这张废奴主义者广泛传播的著名照片展示了内战期间逃跑的奴隶戈登伤痕累累的背部

隶主没有丝毫益处，但他们还是坚持认为有必要榨干奴隶的最后一滴血以实现最大的产出。断肢和烙印也是惩罚的手段，以恐吓种植园里的所有奴隶都心无旁骛地干活。

亨利·博克斯·布朗（Henry Box Brown）对他干活的烟草种植园的监工记忆犹新："有一次，我看到他抓了一个奴隶，让他脱下衬衫，把双手绑起来，在他赤裸的后背上抽了100鞭子。所有这一切，都是因为那个奴隶的工作量少了3磅，也就值6美分。"布朗还回忆，如果奴隶惹恼了监工，就会被关进熏制房里强迫烟熏。

无路可逃

在奴隶主和监工手中遭受可怕惩罚的奴隶根本没有合法权利。有罪的奴隶可能会被处死。宣布奴隶无罪的可能性极小。奴隶无权在法庭上指控白人。然而，由于女奴是主人的私有财产，对其实施强暴的白人男子充其量犯有非法闯入罪，因此，绝大多数强奸案都秘而不宣，从未公之于世。

南方蓄奴州都通过奴隶法案来对奴隶权利加以限制。尽管各州的具体情况不尽相同，但共识是将奴隶置于主人的严密管控之下。奴隶自己不允许拥有财产，但作为财产本身，可以把奴隶作为抽奖的奖品或赌注进行易手，也可作为贷款担保或礼物赠送他人。

奴隶们只能在社区内部寻求精神慰藉。许多人试图通过口述历史、音乐和舞蹈来延续他们非洲家园的文化和传统。不过，即便在社区内部，他们也不敢越雷池一步。由于担心奴隶们用鼓声传递信息或发出起义信号，因此严禁他们敲鼓。尽管如此，奴隶们会在晚上跳舞，在田间歌唱。正如弗雷德里克·道格拉斯回忆的那样，"奴隶们会让方圆数英里的茂密森林中回荡起他们粗犷的歌声，让喜极的欢乐和至深的悲伤在空中鸣响"。幽怨的歌声提醒着不愿做奴隶的人们，虽然他们的身体是主人的财产，但思想和灵魂却能自由地翱翔。

奴隶贸易
真相

透视恐怖的跨大西洋奴隶贸易背后令人震惊的统计数据

贩奴船运载的人货

47% 男性
26% 女性

26% 儿童

1514—1866 年，奴隶贸易之旅达

36000 次

HHHH HHH HHH HHH
HHH HHH HHH HHH

80 天
从非洲到新大陆航程耗时

6% 运往北美洲

55% 运往
巴西和西班牙南美洲殖民地

35% 运往
加勒比海地区

HHHH HHH HHH HHH
HHHH HHH HHH HHH

高达 **16%**

中间航道航行期间奴隶死亡率

12.5+
万非洲奴隶被运往大西洋彼岸

中间航道长逾

4000 英里

3.1—3.4
英国船只贩送奴隶数量达
310 万 — 340 万

250-600

每艘船运载奴隶人数

美国南方每名奴
隶成本相当于
今天的

$40000
美元

美洲 / 美国早期黑人人口

27817 1700年
757208 1790年
4441830 1860年

其中奴隶为390万人

1/3
新到奴隶没
活过 3 年

1/2

奴隶儿童死亡时不
到 1 岁

奴隶儿童死
亡率是
美国南方白人儿童
的 2 倍

£20

1833 年废除奴隶制后，英
国奴隶主获赔 2000 万英
镑（约合今天 170 亿英镑）
补偿金

£0

自废除奴隶制以来对
奴隶或其后代支付的
补偿金为 0

2015年

是年，英国纳税人偿清了
用于补偿奴隶主的最后一
笔银行贷款

非洲之灾

被绑架的奴隶前往大西洋彼岸，
可那些留在非洲的家人和朋友又面临着怎样的命运呢？

———— 阿里萨·卢姆巴 ————

众所周知，奴隶贸易让欧洲和美洲迅速暴富，为工业革命提供了资金保障。在欧洲，崛起的中产阶级开始享受大把的休闲时光，啜饮着加糖的茶和咖啡，沉迷于巧克力、异国情调器物以及他乡冒险的故事。在加勒比海和美洲地区，土著人民经历了难以名状的屠戮和疾病，几乎被斩尽杀绝。千里沃野和景观被开垦成种植园，非洲奴隶艰辛收获着蔗糖、棉花、烟草、大米和其他作物，而这些作物很快就成为欧洲的消费必需品。但是，与此同时，鲜为人知且无人触及的是，在非洲，每天都有人被偷走。

在欧洲奴隶贩子到来之前，历史悠久的西非有着复杂的政治、经济、语言和文化背景。就像同期的欧洲一样，权力天平也在不断发生变化。战乱频仍，王国颠覆，城邦捣毁，新的城邦接二连三地涌现。由于西非政体繁复，权力纷杂，甚至很难将其归为一统之地。事实上，西非人通过北非商人与欧洲进行贸易已达数百年之久。最早踏上非洲大陆的欧洲商人是15世纪的葡萄牙人。其他欧洲列强很快便纷纷效仿，接踵而至。

当时，非洲各地同时有4条奴隶贸易线路齐头并进。跨撒哈拉贸易线路从南部带走奴隶，穿过撒哈拉沙漠，然后在北非出售；红海贸易线路把奴隶从非洲内陆运到中东和印度；印度洋贸易线路则把东非人销往中东、印度和印度洋上的海岛种植园。

不过毫无疑问，跨大西洋奴隶贸易当数覆盖范围最广、贩卖人口最多、系统最为完备、手段最为残酷。它标志着奴隶制脱离非洲大陆的局限，实现了超级扩张，进而围绕它构建起了一整套经济和生活方式，它成为人类历史上规模最大的人口长途强迫迁徙。

在奴隶贸易变得具有破坏性和毒害性之前，西非港口生机勃勃，市场多样，世界各地的货物云集于此。欧洲人需要黄金、象牙和香料（主要是胡椒）。他们从一开始就绑架和买卖非洲人，

▲ 英国商行经营的塞拉利昂河上的邦斯（Bunce）岛是奴隶的主要来源地

直到17世纪欧洲对黄金的需求放缓之前，贩奴仍然是一单小额边缘贸易。随着奴隶贸易盛极一时，贩奴取代了黄金交易，成为该地区的主导贸易。这对西非乃至非洲大陆以及欧洲和美洲的影响无以复加。复杂的贸易联盟网络开始收罗非洲人出售。这些人通常是在战斗中遭绑架或捕获的战俘，或者是因罪行累累或债台高筑而被出卖的罪犯。欧洲人为换取奴隶而出售的主要商品之一是枪支。

向非洲社会输入真枪实弹的结果无疑是毁灭性的。人们开始利用这些武器作为自卫手段，既抗衡欧洲奴隶贩子，又对抗其他非洲部落和村庄，因为这些部落和村庄可能图谋发动战争或偷走他们的村民作为奴隶出售。于是，一个恶性循环应运而生。西非人需要枪支来防范村民被抓走卖掉，但为了购买枪支，他们又不得不出售奴隶。因此，村民之间经常以彼此为猎物发生暴力掠夺和袭击，往往血流成河。

一些王国和城邦因此遭受灭顶之灾，而阿散蒂（Asante）和达荷美（Dahomey）王国则从中变得富强起来。1600年左右建立的达荷美王国，掠夺奴隶是其一种生活方式，从武装精英建国伊始便形成了这样的传统。这在不同国家之间造成了极端冲突和紧张局面，连绵的战火使得政局跌宕起伏，难以稳定。几乎可以肯定地讲，一直持续到今天的种族分化的孽源就肇始于这一时期。

人们普遍有种感觉，不去卖人就得等着被人卖。

▲ 描绘被俘奴隶的壁画

奴隶贸易原本不是一个处心积虑的非洲大陆致贫战略，而是数百年来所有涉事方卷入贩奴的恶果。想要了解非洲社会在多大程度上参与奴隶贸易、介入人口贩卖和虐待，既困难又复杂。大量证据表明，诸如安哥拉等许多非洲国家强烈抵制成为贩奴经济体系的一部分。非洲人经常伺机破坏奴隶船，动辄奋起反抗奴隶制。

然而，随着奴隶贸易的盈利首屈一指，独占鳌头，意欲叫停已无可能。要么贩卖奴隶，要么淘汰出局。那些没有参与贩奴营生的人变得囊空如洗。人们普遍有种感觉，不去卖人就得等着被人卖。由于整个经济体系完全建立在人肉买卖的基础上，与其说这是合谋害命，还不如说是生存所迫，日常生活中的普通人已然成为大机器上从动的小齿轮。

但是，没有国家或政府的地区似乎不太容易成为暴力和袭击的目标。反倒是那些有酋长或领袖的部落往往会被欧洲人觊觎。奴隶贩子会使出

▲ 塞内加尔首都达喀尔（Dakar）戈雷（Goree）岛上的一座奴隶堡，用来在上船前关押和看守俘虏

非洲国家严重依赖贩卖人口。

浑身解数对他们施加影响，用钱财和厚礼买通购奴渠道。他们的儿子被送到欧洲留学，国家的性质发生了颠覆性变化。因此，废除奴隶制时，许多非洲酋长感到极度沮丧。他们不愿看到自己掌控的财源滚滚的行业寿终正寝。这就是为什么在奴隶制废除后欧洲人如此热衷于在非洲寻找贸易替代品，尤其是石油的原因。这将使非洲酋长们无法摆脱债台高筑和对外依赖的窘境。与其说非洲人是欧洲人的合作伙伴，不如说他们是欧洲奴隶贸易的马前卒和助虐者。

奴隶贸易从根本上改变了西非许多地区的人口结构。有时，整个村庄的人被偷走或杀光，哀鸿遍野，荒无人烟。据学者们考证，这一地区面临着持续不断的人口减少。历史学家帕特里克·曼宁（Patrick Manning）认为，到1850年，非洲人口仅为奴隶贸易兴盛之前的一半。欧洲帝国主义者带来的梅毒、天花、斑疹伤寒和肺结核等疾病导致的群体死亡更是雪上加霜。非洲人对此几乎没有任何抵抗力，因为他们以前从未与这些病魔邂逅。

人口流失和社会动荡造成西非一蹶不振，进而导致重大全球失衡。西非曾经是一个繁荣的经济中心，但如今却被剥光榨干，别无长物，让中饱私囊的欧洲在经济上一骑绝尘，而在欧洲人到来之前，即使西非经济不超欧洲，至少也和欧洲等量齐观。那时的非洲经济模式是劳动和农业密集型的，需要大量劳动力来耕种土地。面对如此

改变的社会：性别、等级与种族

▲ 串连到一起的奴隶从非洲内陆徒步向海岸跋涉

　　有些地方只有部分人被掳走为奴，从而造成性别失衡。遭绑架的大多为男性，剩下的女性被认为用处不大。她们留下来维持村庄的日常运转，承受着重建、照料和支撑村庄的巨大压力。

　　但突然间，女人数量太多，没有足够的男人婚配，于是一些地方的男人开始娶多个女子为妻，实行所谓的一夫多妻制。这种新的生活方式造成了人际关系紧张和紊乱，实际上降低了妇女的生育率，从而进一步加剧了人口增长停滞。

　　奴隶贸易改变的不单单是女性所扮演的社会角色。一个新的"商人王子"阶层发现自己也可以借此腰缠万贯。酋长和国王的子女对自身发展做了重新定位。他们中的许多人要么得到接受欧洲教育的机会，要么完成了异族通婚，会讲流利的欧洲语言。

　　鉴于他们在社会上的模糊地位——虽是黑人但财大气粗，受过教育，在一定程度上受到白人的尊重——这些商人王子充当中间人或军队指挥官来帮助欧洲人，从中赚得盆满钵满。人口流失对无辜的村民造成的恶劣影响十分巨大，后果难以想象。

▲ 描绘冈比亚奴隶贸易的壁画

海量的人口流失和资源从农业向奴隶掠夺转移，西非实现迅猛发展无异于痴人说梦。

从外部或西方的典型发展标志来看，有证据表明，奴隶产出多的地区与较低的经济和社会发展率之间存在某种关联性。例如，尼日利亚和加纳的国民文盲率迄今仍然较高，因为那里的奴隶贸易一度十分猖獗。颇具讽刺意味的是，有研究证明，道路崎岖、交通闭塞的西非地区今天的经济表现比那些沿海开放地区的要优异得多。在闭塞偏远的内陆地区搜捕奴隶难度陡增，因此那里的人口流失率较低，地理环境阻碍了奴隶贸易，

反而对脆弱的非洲部落是一种有效的保护。发人深省的是，在世界其他地方，"崎岖闭塞"地区的经济状况普遍令人堪忧，但在反其道而行之的非洲，这一逆袭现象无疑在一定程度上与奴隶制历史息息相关。

气温较低时，袭击和绑架奴隶也比较容易，因为奴隶死于中暑、力竭或病患的可能性较小，维持奴隶生存所需的成本也较低。因此，寒冷地区更有可能发生抓奴贩卖的情况。贩奴高峰时期的气象数据显示，气温较低的地区最为贫穷。奴隶贸易导致的人口流失对现代非洲经济产生的负

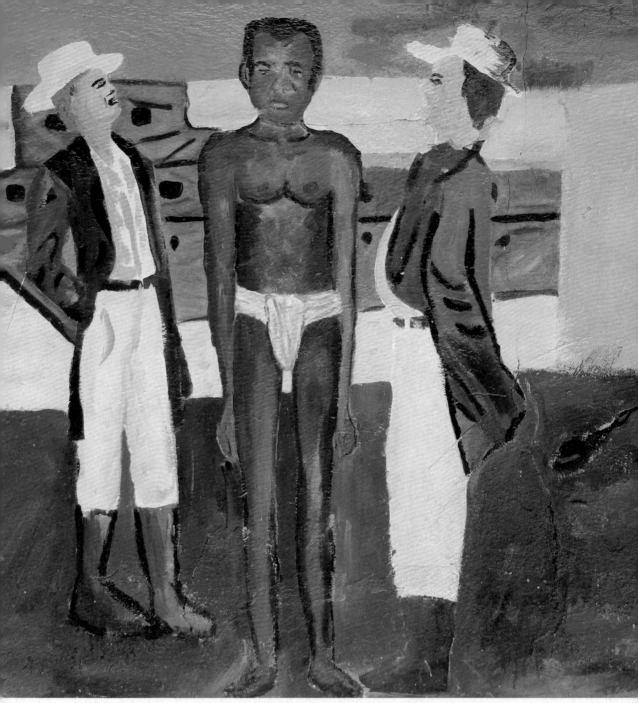

▲ 这幅壁画描绘的是奴隶贩子就西非加纳奴隶价格进行讨价还价的场景

面影响在持续发力。

　　非洲国家的存续严重依赖贩卖人口和购买枪支。虽然直到19世纪60年代非洲大陆才开始经历正式或直接的殖民统治，但奴隶贸易不菅商业上的帝国统治，可以追溯到久远的16世纪。这些年间非洲的逐渐贫困为奴隶制最终废除后列强"瓜分非洲"铺平了道路。

　　沿海地区发生的变化最大，曾经静谧的盐场、渔村突然开始兴建工厂、堡垒和监狱，一时间人声鼎沸，人们操着五花八门的语言。一度以陆路贸易为主的地区如今成为不断拓展的海上航线和贸易网络的组成部分，小渔村一跃成为全球公认的大港口。

　　当然，我们不能把西非500年的沧海桑田都

一个值得探讨的课题。

然而，一个重大且持久的影响当然是西方列强对黑人形象的建构与塑造。他们认为黑人低人一等，愚昧落后，就该受到奴役。我们今天所熟知的种族主义滥觞肯定不是始于奴隶贸易。种族化思维和根据身体特征把人分成三六九等的做法由来已久。然而，黑人的种族特征曾在证明和维系奴隶制合法性方面起到了不可或缺的作用。

由于上述种种原因，西非壮美的经济景观日益凋敝，而欧洲人偏偏将其解释为这恰恰做实了非洲人的野蛮、落后和无能，与西方人不可同日而语。他们把通过奴役和剥削非洲获得的巨额财富说成是欧洲优越性的明证，而非洲则成了历史进步的弃儿。

多年来，人们自然而然地认为，非洲和非洲人民没有做出过重大历史贡献，没有取得过令人瞩目的成就，更没有在塑造现代世界方面发挥过任何作用；一切都归因于黑人的天性，而非历史的抉择。对非洲人如此不公正的呈现才可能是至深至远的影响。

那么，对非洲人情感上的重创又从何谈起呢？几百个寒来暑往，生活在持续恐惧中的人们所经历的精神蹂躏和创伤对非洲人整体心理健康产生了极大的负面影响，弱化了生产力，挫伤了积极性，成为世代因袭的一种心灵重轭。对西非艺术和文学的研究和探索表明，对绑架挥之不去的恐惧、幸存者的罪恶感以及对社区和群体出行的重视已然融入该地区的公众意识之中。虽然在书面历史文献中无迹可寻，但历史不能忘记，文化不会说谎，它们仍在如泣如诉地讲述着久远的生离与死别。

归因于奴隶贸易，毕竟每个社会的演进都是一个循序渐进的复杂过程，而且奴隶贸易对各地区的影响也不尽相同。西非幅员辽阔，地域面积几乎和美国不分伯仲，有些地方欧洲人并未涉足。与其他地方相比，人们对西非奴隶贸易影响的研究不够深入，原因之一是缺乏可靠的统计证据，还有一个原因便是历史健忘症。很少有人认为这是

自由之战

◆

解读奴隶如何反抗残酷的囚禁，探寻惨无人道的奴隶制如何踏上不归路

109　美国开国元勋与奴隶制

114　丧钟为奴隶制而鸣

124　弗雷德里克·道格拉斯：从奴隶到政治家

135　起义与反抗

144　结束"特殊制度"之战

152　赢得战争与丢掉和平

遭绑架被卖身为奴的纽约人所罗门·诺瑟普
（Solomon Northup）回忆录《为奴十二
年》（*Twelve Years a Slave*）中的插图

THE STAKING OUT AND FLOGGING OF THE GIRL PATSE

美国开国元勋与奴隶制

对于一个建立在人人自由基础上的新国家来说，
奴隶制是一个烫手的山芋

托马斯·杰斐逊（Thomas Jefferson）起草的《独立宣言》草案丝毫没有回避奴隶制问题。毕竟，许多美国爱国者认为自己正在摆脱专制的大英帝国强加给他们的奴隶制枷锁，也意识到政治自由主张与非洲奴隶存续之间的矛盾。

因此，杰斐逊在草案中谴责了奴隶贸易的不公正性并含蓄地斥责了奴隶制本身的残酷性，不过，他却将黑奴的存在归咎于贪婪的英国殖民政策。由此可见，杰斐逊十分精明地选择了这样的立场，即大力鞭笞奴隶制，同时又免除美国人的蓄奴之责。然而，美国开国元勋们认识到这一表述的乖讹，将其从宪法定稿中删除。他们对美国白人团结的渴望压过了对美国黑人奴隶的关切。

奴隶制于开国元勋是一个颇为复杂棘手的问题。据说除佐治亚州和南卡罗来纳州的人之外，这些开国元勋总体上反对奴隶制，但许多人却没有解放自己的奴隶。在改革问题上，他们抨击的只是奴隶制中较为脆弱的部分。例如，禁止向个别州输入外国奴隶；支持杰斐逊关于西北领地废除奴隶制的提议等。1787年《西北法令》（Northwest Ordinance）的通过至关重要，其中有条款规定："在上述领地上不得有奴隶制或强制劳役。"

然而，奴隶劳役对南方各州经济的重要性并没有为开国元勋们所忽视。事实上，西北领地奴隶制的废除为西南部奴隶制的延续提供了隐性合法性。此外，许多历史学家称，禁止奴隶进口使得弗吉尼亚和马里兰等州的奴隶主在向南方倒卖奇货可居的奴隶时狮子大开口，况且南方的奴隶数量也没有明显减少，因为自然繁殖导致奴隶数量增加。

南北之间的裂痕影响深远，导

文献证据表明，第一批非洲黑人于17世纪前10年登陆弗吉尼亚，而不是公认的1619年。

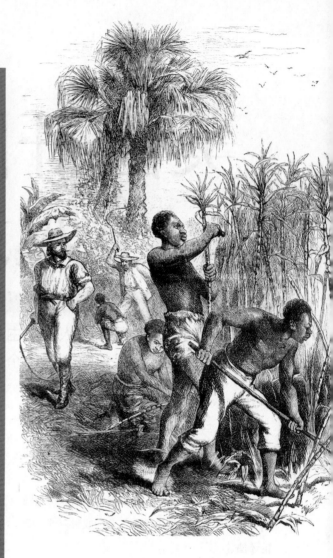

约翰·杰伊：
纽约州主要废奴主义者

约翰·杰伊的父亲彼得·杰伊是纽约州最大的奴隶主之一。也许正是因为与奴隶制近在咫尺，感同身受，约翰·杰伊才成为奴隶解放的主要倡导者之一。1777年，他协助起草纽约州第一部宪法时，积极寻求废除奴隶制，但未能获得通过；1785年他提出的第二部废奴法也未能如愿以偿，尽管几乎所有纽约州立法会成员都投票赞成对黑奴给予某种形式的解放。问题是被解放的黑奴究竟应当享有哪些权利，他们没能达成共识。1785年，杰伊还成立了纽约州奴隶解放促进会，代表黑奴提起诉讼。除此之外，杰伊还主张为黑人教育提供补贴。1787年，他帮助建立了纽约州非洲人免费学校。

1799年，他成为纽约州州长，随即通过了《逐步废除奴隶制法案》。该法案称，从7月4日起，奴隶父母所生的所有子女都将获得自由，但男孩要为母亲的主人服役至28周岁，女孩则到25岁。该法案还禁止纽约州出口奴隶。

自相矛盾的是，杰伊付出了种种努力，但他仍然是个奴隶主，尽管他声称"当奴隶效忠到合理程度的时候，一定会在适当的年龄把他们解放"。他的儿子威廉和约翰·杰伊二世也是废奴运动的有力支持者。

▲ 这幅雕刻肖像画描绘的是担任美国第一任首席大法官时的约翰·杰伊

致观点两极分化，同时令南方对奴隶的态度更加强硬。保护财产和经济的欲望强化了南方人心目中黑人劣等的观念。

在1787年制宪会议上，围绕奴隶制的分歧浮出水面，但本着求同存异、精诚团结的原则，这种分歧再度为新生的美国所包容。于是，开国元勋们提出宪法中增加一些条款，要求各州做出妥协，同时也承认各州对奴隶制的态度存在地区性反常现象。值得注意的是，他们提出了"五分之三"条款。这项妥协规定国会分配代表名额时，蓄奴州可将其奴隶总数的3/5计入人口总数，从而增加了南方各州在众议院中的席位。

作为一种折中方案，在判断应征税财产时也

▲ 对于奴隶主来说，奴隶逃跑是一个迫在眉睫的问题，进而促成立法，要求抓获奴隶后予以返还

采用了同样的算法，进而加重了蓄奴州的纳税负担。有关禁止进口奴隶决定的争论因一项协议而暂时平息下来。该协议规定，禁令在1808年之前不得实施。大会通过了《逃亡奴隶法案》(Fugitive Slave Acts)，鼓励废奴州将逃亡奴隶归还其主人。

虽然新联邦政府不愿对奴隶制问题实行严格的中央集权，但开国元勋们对这种做法所持的态度因人而异。纽约州的约翰·杰伊（John Jay）、亚历山大·汉密尔顿（Alexander Hamilton）以及宾夕法尼亚州的本杰明·富兰克林（Benjamin Franklin）等人都希望从长计议，推动改革。

鉴于他们是北方人的事实，足见北方的经济并不依赖于奴隶劳役，但南方的情况并非如此。没有一个拥有种植园的南方开国元勋解放了奴隶，只有乔治·华盛顿是个例外。乔治·华盛顿是美国独立战争期间大陆军司令，也是美国开国总统，其后不再谋求连任直至谢世。应该指出的是，即便华盛顿自己，

美国独立战争胜利后，多达8万名奴隶随着撤退的英军一起离开了美国。

▲ 桑迪·牛顿（Thandie Newton）在电影《杰斐逊在巴黎》（1995年）中扮演萨莉·海明斯

美国第一桩丑闻

围绕托马斯·杰斐逊（1743—1826）对非洲裔美国人态度的争议之火，因他与混血女奴萨莉·海明斯有染而愈烧愈旺。尽管基因研究水平如今大幅提高，但两人之间的关系既不能坐实也难以驳斥，以至于一位历史学家称其为美国历史上上演时间最长的迷你连续剧。1998年，DNA证据清楚表明杰斐逊与海明斯生有1—6个孩子，这时情况发生了变化。显而易见的是，海明斯孩子的父亲是一个白人。许多人指出，不止一个孩子长得酷似海明斯的主人。

这桩丑闻最早出现在1802年《里士满纪事报》（Richmond Recorder）的一篇报道中。当时，记者和编辑都热衷于在总统大选前给杰斐逊的声誉抹黑，但计划最终落空，因为杰斐逊在1804年选举中轻松获胜。19世纪，又有两条证据浮出水面。1873年，海明斯的一个孩子麦迪逊·海明斯声称托马斯·杰斐逊是她的父亲。不久之后，在詹姆斯·帕顿（James Parton）所著的杰斐逊传记中又出现了一个说法，杰斐逊的侄子彼得·卡尔（Peter Carr）坚称这几个孩子多数都是他的，直到1998年的DNA亲子鉴定才确认杰斐逊与这些孩子存在亲子关系的可能性极大。

对杰斐逊的崇拜者来说，这证明他并不像许多人以为的那样是一名种族主义者。毕竟，这很可能是一段甜蜜、隐匿的风流韵事。相反，他的诽谤者利用这些证据表明，杰斐逊对非洲裔美国人的鄙视导致他对女奴实施性奴役，这一行径与众多种植园主的劫掠之举并无二致。

▲《美国宪法》签署时的场景。该文献没有直接提及奴隶制

在奴隶制问题上的立场有时也自相矛盾。有人可能会说，华盛顿在处理蓄奴道德问题上的进退维谷，事实上折射出了整个美国的首鼠两端。

大多数历史学家都认为，华盛顿一生对奴隶制的态度发生过转变，从传统的奴隶主变成一位作家所说的"温吞的废奴主义者"。他曾因在奴隶制问题上公开保持缄默而招致批评，而他对奴隶制的态度只能通过研究其私人书信才能窥见一斑。不过，公众的指责忽略了这样一个事实，即他必须遵循《独立宣言》《美国宪法》《人权法案》的宗旨行事。他意识到，联邦政府对奴隶制的干预将对这个新生国家造成无法弥补的损害。

事实上，华盛顿在弗农山庄的5个农场里养着很多奴隶。据1786年2月人口普查显示，他是弗吉尼亚州费尔法克斯（Fairfax）县最大的奴隶主。尽管他在奴隶们面前表现得颇为强势，但似乎比许多当地奴隶主要友善得多。随着生活阅历的增长，华盛顿开始对奴隶制心生厌恶，但也想不出什么灵丹妙药来维持弗吉尼亚经济的平稳发展。他最终解放了奴隶并留下遗嘱，待妻子去世后释放奴隶。如果说华盛顿一生中在奴隶制问题上瞻前顾后、举棋不定的话，那是因为他知道民众对奴隶制根深蒂固的观念不可能一夜之间发生改变。

▲ 乔治·华盛顿在弗农山庄农场监督干活的奴隶

当然，他没有表现出杰斐逊笔下对非洲裔美国人的蔑视，而杰斐逊的态度在其《弗吉尼亚笔记》（1784年）一书和对1791年加勒比海伊斯帕尼奥拉岛圣多明戈奴隶起义的回应中便彰明较著。

《弗吉尼亚笔记》是一个有趣的研究课题，因为书中字里行间明确宣称奴隶制

> 托马斯·杰斐逊拥有的奴隶在任何时候都不少于200人。他一生中拥有大约600名奴隶。

违反了这个新国家立国的原则。杰斐逊预言，如果奴隶制不能废除，人们就会面对一个内外交困的恐怖未来。反过来，书中竟公然宣称黑人是比白人劣等的种族。他的这种典型种族主义情绪在弗吉尼亚州乃至整个美国都泛滥成灾。不过，因为他极有可能和混血奴隶萨莉·海明斯（Sally Hemings）生了6个孩子，因此他的种族主义情绪令后人格外感到瞠目结舌。

杰斐逊和大多数弗吉尼亚人一样，支持结束奴隶进口，毕竟弗吉尼亚人的种植园里奴隶储备充足，奴隶数量也因繁衍而增加。他认识到奴隶制与新生国家格格不入，建议解放1800年后出生的所有奴隶，禁止任何希望加入联邦的西部各州实行奴隶制。然而，杰斐逊认为白人和自由黑人不能共存，解放的奴隶应该被遣返非洲。当时，这一想法曲高和寡，没能引起共鸣。

尽管有人抨击托马斯·杰斐逊的非洲黑人卑下论，尽管杰斐逊没有解放自己的奴隶，但在政策方面，托马斯·杰斐逊却是一位非常自由的思想家，毕竟他曾希望美国开国元勋们能点燃希望之火，最终带领子孙后代把美国奴隶制付之一炬。

丧钟
为奴隶制而鸣

18 世纪末，一群人着手改变世界，最后大功告成

爱德华多·阿尔伯特

托马斯·克拉克森是一位终身反对奴隶制的活动家。图为1840年他在英国与外国反奴隶制协会大会上致辞的情景。该协会的成立旨在促进全世界废除奴隶制

在人类历史上，几乎所有文化都把奴隶制视为正常现象，是正常生活的一部分，得到权贵的认可和公众的接受。在探讨与奴隶制的长期抗争问题时，记住这一点非常重要。虽然对今天的我们来讲奴隶制十恶不赦，废除奴隶制是必要的道德义举，但当下的清醒认知无疑是废奴运动的成功所结出的硕果。

1590年，基于佛陀禁止僧侣和尼姑拥有或接受奴隶以及奴隶交易坑害俗人的教义，日本开始禁止奴隶制。另一个废黜奴隶制的文明是基督教。到中世纪，全欧奴隶制实际上已经终结，但15世纪末开始的欧洲急剧海外扩张、对财富的争夺和欧洲列强之间的争斗导致奴隶制死灰复燃，大行其道200余年，直到最终被废除。随着西方社会开始坚决反对奴隶制以及19—20世纪他们占据经济和军事主导地位，全世界大部分地区的奴隶制和奴隶贸易相继绝迹。

但如果没有少数群体的不懈努力，这一切都不会成为现实。他们经常遭受富人、权贵和新潮人士的嘲笑、诽谤与攻击。奴隶制是人类历史上一种规范性制度，而废奴主义者的目标就是改变世界。这一点再怎么强调也不为过。

在新大陆，第一位把奴隶制视为固有恶魔来加以反对的是多米尼加的一位修士。巴托洛梅·德·拉斯·卡萨斯（Bartolomé de las Casas）是加勒比海伊斯帕尼奥拉岛上最早的西班牙定居者之一，1523年他以修士的身份进入多米尼加教团，后来成为牧师。作为土著人民惨遭西班牙定居者骇人听闻虐待的见证人，卡萨斯宣誓放弃了他原先拥有的奴隶，大力倡导人道对待土著人民，还向神圣罗马皇帝查理五世（Charles V）抗疏自己的主张。

卡萨斯的成年时光几乎全部花在了反对奴隶制和虐待土著人民身上。他是1550年巴利亚多利德大辩论（Valladolid Debate）的主旨发言人。这是欧洲第一次就殖民和对待土著人民的伦理道德问题进行大辩论。为保护美洲原住民，卡萨斯最初主张进口非洲奴隶，但后来摒弃了这一观点。他写道："多年后，这位神职人员（他经常用第三人称写作）后悔他在这件事上给国王的谏言，认为自己因疏忽而应受到谴责，因为他所见证的事实是，奴役黑人与奴役印第安人同样不公。"

17世纪后半叶至18世纪，英国商人和船只成为大西洋奴隶贸易的主要驱动力，导致贸易规模急剧扩张，商人、造船商、银行家及其支持者获得巨额利润。诸如布里斯托尔、利物浦和格拉斯哥这样的小港口摇身一变成为大都市。英国制

▲ 风华正茂的威廉·威尔伯福斯。画像里的他年方29岁。他的余生全部投入到与奴隶制的斗争中

面对反对之声，废奴主义者还试图左右舆情。

成品出口到非洲，在那里交换奴隶，然后将奴隶运至加勒比海地区和北美，贩奴款项用于购买蔗糖、糖浆、棉花和烟草，再将其运回英国，三角贸易就此形成。

18世纪英国经济重组的规模从以下事实中可见一斑：1700年，欧洲占英国出口的82%，但到1800年，这一比例下降至21%，而连接非洲、加勒比海地区和北美的大西洋经济则占到61%。此外，出口额在这百年间翻了四番。

这些大西洋出口货物从布里斯托尔、利物浦和格拉斯哥启航，使这些城市变得富可敌国，举足轻重。由于日进斗金且奴隶贸易通常在异国他乡"体外循环"，因此最初英国鲜见有人反对奴隶贸易。

然而，18世纪下半叶，英国奴隶贸易的道义问题开始受到人们的质疑。在北美，言论自由为美国打响独立战争奠定了基础；在法国，"自由、平等、博爱"成为推翻旧制度的口号。事实上，在这些口号的感召下，1794年法国革命者废除了法国及其领地上的奴隶制，直到1802年拿破仑又让其死灰复燃。

在英国本土，征服者威廉废除了奴隶制，将盎格鲁-撒克逊人贩卖战俘的习惯做法定为非法。不过，随着大西洋奴隶贸易的日益做大，一些奴隶主开始携带家奴返回英国。

1772年，在萨默塞特诉斯图亚特一案中，家奴的事闹上了法庭。奴隶詹姆斯·萨默塞特被

▲ 美国独立战争以自由的名义赢得了胜利，但美国黑奴依旧没能挣脱身上的枷锁

主人查尔斯·斯图亚特带到英国，逃走后落网，被监禁起来。斯图亚特打算把他装船运回牙买加卖掉。然而，在伦敦期间，萨默塞特接受了洗礼，与废奴主义者取得了联系。废奴主义者为萨默塞特申请了人身保护令，挑战其被监禁和出口动议的合法性。曼斯菲尔德勋爵对此案件进行了审理并判定：

奴隶制……可憎至极，只有实在法方能担负起惩治它的重任。因此，无论判决会带来什么不便，我都要说英国法律对这一案件绝对不能坐视不管。有鉴于此，这名黑人必须予以释放。

尽管今天的学者仍在就判决的确切法律后果进行探讨，但当时的英国公众却认为这一判决意味着任何人都不能成为英国土地上的奴隶。1778年，被主人约翰·威德伯恩（John Wedderburn）带到苏格兰的奴隶约瑟夫·奈特（Joseph Knight）听说了此案的判决结果，便离开威德伯恩，向法院申请自由。在奈特诉威德伯恩一案中，威德伯恩坚称奈特欠他"永久劳役"，但苏格兰法庭裁定，根据苏格兰法律，严禁拥有动产奴隶；苏格兰奴隶可以离开主人，有权拒绝被送回殖民地继续为奴。

1780年，感觉财富受到威胁的英国糖商、种植园主和殖民代理人成立了伦敦西印度种植园主与商人协会，大肆宣扬奴隶制，鼓动奴隶贸易。虽然他们财大气粗，但废奴主义者热情高涨，人多势众，废奴主张与时代精神日趋契合。

随着英国奴隶制的非法成为大家的共识，人们越来越意识到英国商人、银行家、造船商和水手在跨大西洋奴隶贸易中大发横财，而这种认识逐渐发挥了作用。1774年，卫理公会①创始人约翰·卫斯理（John Wesley）所著《反思奴隶制》（*Thoughts Upon Slavery*）一书对奴隶制进行了猛烈抨击。1776年，牧师汉弗莱·普利麦特（Humphry Primatt）写道："白人（尽管有野蛮的习俗和偏见）不能凭借自己的肤色来对黑人实行奴役和专制。"1785年，英国诗人威廉·柯珀（William Cowper）写道：

家中没有奴隶，为何要让他们浪迹异乡？

曾经度尽劫波的他们与我们天各一方，但终究会赢得解放。

奴隶在英国无法呼吸，更无立锥之地。

如果他们和我们息息相通，就一定能自由飞翔。

倘若他们踏上我们的国土，就一定会枷锁全光。

这是一个令人骄傲的国度，

处处都能领略令人艳羡的庇佑和高尚。

那就让它们发扬光大吧，

在每个人的血脉里尽情流淌。

那就让世人感受她的仁慈吧，

还有不列颠移山填海的力量。

这种民意上的彻底转变，促使人们切盼真正意义上的变革早日到来。1787年5月22日，由12个人共同成立了历史上最有影响力的组织之一——废除奴隶贸易协会（SEAST）。其中9位是贵格会（Quakers）教徒，反映了该教派在新运动中所扮演的重要角色，还有3位是圣公会教徒，较为知名的有当时已经成为反对奴隶贸易的全职活动家托马斯·克拉克森（Thomas Clarkson）和为奴隶请愿争取自由的律师格兰维尔·夏普。

---

① Methodism，又译卫斯理宗、循道宗。——译注

NOW READY:
THE
Dred Scott Decision.
OPINION OF CHIEF-JUSTICE
ROGER B. TANEY,
WITH AN INTRODUCTION,
BY DR. J. H. VAN EVRIE.
ALSO,
AN APPENDIX,
BY SAM. A. CARTWRIGHT, M.D., of New Orleans,
ENTITLED,
"Natural History of the Prognathous
Race of Mankind."
ORIGINALLY WRITTEN FOR THE NEW YORK DAY-BOOK.

THE GREAT WANT OF A BRIEF PAMPHLET, containing the famous decision of Chief-Justice Taney, in the celebrated Dred Scott Case, has induced the Publishers of the DAY-BOOK to present this edition to the public. It contains a Historical Introduction by Dr. Van Evrie, author of "Negroes and Negro Slavery," and an Appendix by Dr. Cartwright, of New Orleans, in which the physical differences between the negro and the white races are forcibly presented. As a whole, this pamphlet gives the *historical*, *legal*, and *physical* aspects of the "Slavery" Question in a concise compass, and should be circulated by thousands before the next presidential election. All who desire to answer the arguments of the abolitionists should read it. In order to place it before the masses, and induce Democratic Clubs, Democratic Town Committees, and all interested in the cause, to order it for distribution, it has been put down at the following low rates, for which it will be sent, free of postage, to any part of the United States. Dealers supplied at the same rate.

Single Copies $0 25
Five Copies 1 00
Twelve Copies 2 00
Fifty Copies 7 00
One Hundred Copies 12 00
Every additional Hundred......... 10 00
Address
VAN EVRIE, HORTON, & CO.,
Publishers of DAY-BOOK,
No. 40 Ann Street, New York.

▲ 人们普遍认为美国最高法院对德雷德·斯科特案的判决是美国司法史上最糟糕的判决，因为它把美国拖进了内战深渊

同年早些时候，克拉克森还会见了年轻议员威廉·威尔伯福斯。怀着信奉基督教的如火般热情，威尔伯福斯意识到克拉克森和他谈及的任务就是上帝赋予他完成的使命。他在日记中写道："全能的主把两个伟大的目标摆在我面前，那就是废除奴隶贸易和革故鼎新礼仪。"一个世纪前，在因宗教分裂而遭受内战的国家，宗教热情受到嘲弄和侮蔑，但正是在信仰的激励下，威尔伯福斯和废除奴隶贸易协会的领军者们向议会接二连三地提出了废除奴隶制的呼吁。

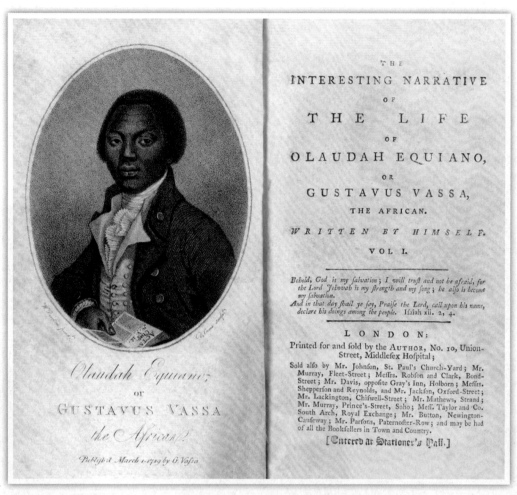

▲ 奥劳达·埃奎亚诺是倡导废奴运动的非洲之子协会创始人之一。其自传是一本畅销书，帮助塑造了奴隶贸易废除之前的公众态度

　　面对反对之声和议会的拖延不作为，废奴主义者还试图左右舆情，争取作家、画家和诗人加入到他们的事业中来。他们印制小册子，出版书籍，组织由奥劳达·埃奎亚诺和奥托巴·库戈亚诺（Ottobah Cugoano）等自由奴隶作为主讲嘉宾的巡回演讲。其他反奴隶制组织也很快相继成立起来，比方说由前奴隶组成的、致力于废除奴隶贸易的非洲之子协会。

　　1807年，即第一项议案提交议会17年后，英国下议院以283票对16票通过的《奴隶贸易法案》获得王室批准。该法案虽然本身并不禁止奴隶制，但严禁在大英帝国贩卖奴隶。它规定，贩运奴隶的船长一旦被抓，船上每发现一名奴隶，就将处以最高100英镑的罚款（约合今天的9500英镑）。鉴于奴隶船最多可装载500人，足见处罚极其严厉。为给执法保驾护航，政府还派出西非舰队在西非沿海巡逻。在52年的巡逻中，皇家海军拦截了约1600艘船只，释放了15万名被奴役的非洲人。

　　然而，奴隶制在加勒比海地区和其他地方根深蒂固，大西洋奴隶贸易的结束并没有带来威尔伯福斯和他的同仁所期待或希望的奴隶制的消

▲ 英国宣布大西洋奴隶贸易为非法后，皇家海军西非舰队水兵向一个奴隶贸易站开火

亡。1823年，在全英领地逐步削弱和废除奴隶制协会（又称反奴隶制协会）成立，包括威尔伯福斯和克拉克森在内的许多最初活动领导人都是该协会的创始成员。该协会主张取缔奴隶制，尽管成员分成了两派，即赞成循序渐进结束奴隶制的渐进派和认为奴隶制是死罪、能导致灵魂凋亡的激进派。该协会继续贯彻过往行之有效的运动策略，出版了第一本女奴回忆录《西印度奴隶玛丽·普林斯传》。1833年，议会终于通过了《废

除奴隶制法案》。

不过，美国奴隶制的终结需要的不仅仅是通过一项法律。美国独立战争期间，效忠英国者和美国爱国者都承诺为自己一方作战的奴隶将获得自由。可是，尽管大陆军中黑人所占比例在1/5到1/4之间，但美国新宪法要求废奴州需将逃跑的奴隶返还蓄奴州。北方废奴州和南方蓄奴州之间的鸿沟正在日益加深。到1804年，北方各州均宣布奴隶制为非法，而南方各州的经济与

北方废奴州和南方蓄奴州之间的鸿沟正在日益加深。

▲ 这枚 1787 年由约西亚·韦奇伍德（Josiah Wedgwood）制作的奖章大受欢迎。韦奇伍德是托马斯·克拉克森的密友，也是一位热心的废奴主义者。他曾向废奴运动捐赠了数百英镑

▲ 根据《逃亡奴隶法案》，美国的奴隶捕手甚至可以在北方废奴州缉拿逃跑的奴隶

▲ 哈丽特·塔布曼（Harriet Tubman）是美国重要的废奴主义者之一。她通过"地下铁路"帮助奴隶获得自由

奴隶制的联系却日趋紧密，尤其是在轧棉机发明之后。

直面南方人所称的"特殊制度"，一场日益壮大的废奴运动在北方各州风起云涌般席卷开来。作为反对奴隶制的著名先驱，贵格会教徒成为第一个废奴组织、1775年成立的被非法拘禁自由黑奴救济会的中坚力量。1784年，该会更名为宾夕法尼亚废奴会，本杰明·富兰克林出任会长。

然而，国会的政治权力在废奴州和蓄奴州之间达到了平衡，每个阵营均有11个州。随着美国向西部扩张，新领地请求加入联邦。这些新州是"废奴"还是"蓄奴"的问题变得越来越突出。当密苏里要求以蓄奴州身份加入联邦时，双方达成的妥协是缅因同时作为废奴州成为美国的一部分，从而维持住了非常困难的平衡。但密苏里州妥协协议还规定，以北纬36°30′线为界，北方未来任何州都是废奴州，南方则是蓄奴州，该奴隶制分界线一直向西延伸。

1854年，作为进一步解决方案，《堪萨斯-内布拉斯加法案》允许新州通过全民公投来决定是废奴州还是蓄奴州。许多政客认为这是支持奴隶制的民主党在助推"特殊制度",于是纷纷脱离该党加入新的反奴隶制政党共和党。

随后,最高法院于1857年做出了臭名昭著的德雷德·斯科特判决,宣布作为奴隶输入美国的非洲人后裔不能成为美国公民。此外,联邦政府无权废止随着美国向西部扩张而获得的新领地上实行的奴隶制。最高法院原本希望生米煮成熟饭,通过既定法判例来结束关于奴隶制的政治争端,然而,事与愿违的是,判决导致民主党一分为二。

1860年,新废奴主义政党共和党的亚伯拉罕·林肯利用民主党分裂之机当选美国总统。作为回应,南方蓄奴州退出联邦,于1861年2月4日成立了美利坚邦联。毋庸赘言,决定美国立国之基稳固与否的重大道德问题不得不在淋漓的鲜血中来寻找答案。

地下铁路

▲ 一个逃亡在"地下铁路"途中的奴隶家庭面对奴隶捕手奋起自卫

美国南方的捕奴者因归还奴隶主逃跑的"财产"而能领到高昂的赏金,从而大发横财,富得流油。逃往废奴州或加拿大就像越狱,时刻都得提防捕奴者和充满敌意的南方人。

为帮助奴隶获得自由,废奴主义者和逃亡奴隶开发了"地下铁路"。不过,它既不在地下,也不是铁路,而是由帮助奴隶逃跑的路线、代理人、藏身之所和帮手组成的一个秘密网络。暗语"铁路"象征逃亡的紧急与秘密,逃亡路线被称为"褶子",藏身之所叫"车站",帮手叫"售票员",逃跑的奴隶称作"乘客"或"包裹"。

4万—10万名奴隶通过地下铁路这一渠道获得了自由。哈丽特·塔布曼堪称最勇敢的"售票员"之一。曾是奴隶的他们渗透进南方种植园,带领成群结队的逃亡者奔向自由。如果失手被捉,最起码要再次沦为奴隶。

Frederick Douglass

弗雷德里克·道格拉斯：从奴隶到政治家

见证一位鼓动家、改革者、演说家、作家和艺术家的非凡崛起

●———— 阿里萨·卢姆巴 ————●

弗雷德里克·贝利（Frederick Bailey）最有可能于1818年2月（尽管没有出生证明记载确切日期）出生在马里兰州塔尔博特（Talbot）县他祖母的奴隶小木屋里。他或许是非洲人、印第安人和欧洲人的混血儿，因为他的父亲可能也是他的主人。当他还在襁褓中时，母亲就被送到另外一个种植园。他只在漆黑的夜里见过母亲几次。为探望儿子，母亲要艰难跋涉12英里。他7岁时母亲过世。

弗雷德里克整个孩提时代都在不同家庭之间辗转，踩过一地破碎的光阴。他在种植园和巴尔的摩市度过了一段时间。他说，巴尔的摩对奴隶较为仁慈，比在种植园里有更多的自由，待遇也更好。事实上，巴尔的摩是美国最繁华的海港城市之一，也是世界各地各色人种和思想的集散地，一个可以轻易涵养出自由梦想和愿景的去处。

一位名叫索菲亚·奥尔德（Sophia Auld）的女主人对这个12岁的孩子非常感兴趣，主动教他认识字母表，但她的丈夫休（Hugh）却极不赞成教会奴隶读书写字，认为这会让他们横生非分之想，甚至犯上作乱。最终，索菲亚还是顺从了丈夫的想法，认为教奴隶读书是大错特错。她停止了讲课，把报纸和书籍全都藏了起来，当

▲ 弗雷德里克的女主人索菲亚·奥尔德教他读书，但她的丈夫却要她罢手，因为他反对教奴隶识字

发现这个奴隶男孩偷偷摸摸看书读报时，她会一把夺走。

不过，弗雷德里克聪明绝顶，继续想方设法寻找学习机会，甚至不惜用面包换得街头儿童的点拨。他从小就懂得学习知识和语言需要付出代价。他读的书越多，他质疑和谴责奴隶制的语言和工具就掌握得越好，进而逐步养成自己的黑人身份和人格意识。当被雇回威廉·弗里兰（William Freeland）的种植园后，弗雷德里克秘密建起了一所主日学校，约有40名奴隶聚集在此学习阅读《新约全书》。周围的种植园主渐渐知道了这些秘密聚会。有一天，他们带着石

▲ 耐心、忠诚、体贴的安娜·默里·道格拉斯是弗雷德里克相守44年的发妻

块、棍棒前来兴师问罪，彻底捣毁了这所学校。

不久之后，弗雷德里克被派去为爱德华·科维（Edward Covey）干活。科维是一个贫穷的农民，素有"奴隶杀手"之称。把弗雷德里克派到他那里，就是要打掉弗雷德里克身上的叛逆精神，把桀骜不驯的他变成一个俯首帖耳的奴隶。鞭打对于弗雷德里克来讲是家常便饭。16岁时，他决心奋起反击，用年轻的身体和科维拼出个输赢。弗雷德里克也曾尝试过逃跑，但没能逃脱。

那是在1837年他遇见安娜·默里（Anna Murray）之前。安娜是巴尔的摩一位自由的黑人女性，比他大5岁。两人很快坠入爱河，她不断鼓励他逃出去寻找自由，帮助他认识到自由的确在他自己的掌握之中。次年，20岁的弗雷德里克终于挣脱了奴隶制的枷锁。

在不到24小时的时间里，他从蓄奴州前往废奴州，登上北行的火车、渡轮和汽船，一路直抵宾夕法尼亚州的费城，一座强烈反对奴隶制的贵格会城市。然后，他化装成水手前往纽约。脸上胡须刮得干干净净的他引起了一个旧相识的注意，幸好这位好心之人三缄其口，没有告发他。弗雷德里克一踏上北方的土地就获得了新生，成为自己的命运主宰者。有生以来第一次他可以自由决定自己的人生走向，一个激动人心、无限美好的光明前景在等待着他。安娜接踵而至也来到了北方，两人很快就喜结良缘。如今，他俩可以自己决定自己的名字了。他们想起名约翰逊，但最终还是选定了道格拉斯。婚后他们定居马萨诸塞州的废奴运动大本营，在由众多著名的前奴

▲ 这幅画作描绘了两名骑马的追捕者带着狗群追捕赤脚逃跑的弗雷德里克的场景

隶组成的教会社区里发挥了积极作用，其中就有索杰纳·特鲁斯（Sojourner Truth）和后来的哈丽特·塔布曼。

1839年，道格拉斯成为一名注册牧师。这一职业大大提升了他的演讲技巧。他也是废奴主义者集会的积极参与者，与周刊《解放者》（Liberator）撰稿人威廉·劳埃德·加里森（William Lloyd Garrison）等运动领导人结下了深厚的友谊。23岁时，道格拉斯在南塔克特（Nantucket）举行的马萨诸塞州反奴隶制协会大会上首次发表反奴隶制演讲，并开始与其他废

奴主义者一起在全国举办巡回演讲。在这一年多一点的时间里，他迅速从奴隶变成了名人。

道格拉斯是为数不多的几个有意愿也有能力滔滔不绝地讲述自己经历的人之一。他是奴隶制影响的鲜活化身，也是黑人体魄和才智的代表，令非洲裔美国人从他的身上看到了自己的未来。白人废奴主义者还以他为例驳斥公众形成的非洲裔美国人无知或懒惰的刻板印象。从某种程度上讲，道格拉斯就像动物园里供游人观赏的动物，一个别人用来说事儿的成功标志，对此他心知肚明。这使他与加里森等其他一些主要废奴运动领

宪法之争

废奴运动中的严重分歧揭示了道格拉斯愿景和思想的复杂性

历史学家戴维·布莱特（David Blight）称弗雷德里克·道格拉斯是他那个时代最具批判性的读者、演说家和作家之一。这是指道格拉斯对《美国宪法》的激进解读以及由此引发的他与废奴主义者威廉·劳埃德·加里森之间的冲突。加里森认为，《美国宪法》是一个排他性经典文献，没给废除奴隶制留出一席之地，也没有提供废除奴隶制的法律或道德先例。

从这个意义上讲，美国在宪法上、性质上和本质上支持奴隶制。这种令人沮丧的思想，废奴主义者是无法接受的。加里森为此还焚烧了一份《美国宪法》副本，以发泄心中郁积的怨恨。

起初，道格拉斯赞同加里森的推论。然而，他后来受到了莱桑德·斯普纳（Lysander Spooner）所著《奴隶制度的违宪》（The Unconstitutionality of Slavery，1846年）一书的影响。该书支撑了道格拉斯的观点，即宪法不支持奴隶制，奴隶制也没有纳入美国国家意识之中；宪法也应该可以用来作为废除奴隶制的一个工具；宪法的初衷是好的，无非遭到了腐蚀和滥用。相左的观点导致1847年道格拉斯和加里森分道扬镳。这是美国废奴运动中出现的最显著的裂痕。

许多历史学家认为，道格拉斯对奴隶制的理解及其国家与奴隶制并非密不可分的理念十分复杂，颇具深意。后来，在内战爆发之初，道格拉斯非常赞赏亚伯拉罕·林肯的见解，即只有在经过暴力斗争并取得胜利，最终成为一个自由、废奴国家的前提下，美国联邦才能废除奴隶制，开创人类新纪元。既激进又保守的道格拉斯认为，剧烈动荡的世界应为新的现实创造吸纳空间，而当今世界的工具将能发挥重要的作用。

他深知美国只有经历重大变革才能摆脱奴隶制，但他也强烈反对甚嚣尘上的"殖民"理念，即应该解放奴隶，把他们送回到加勒比海地区或非洲。道格拉斯认为，非洲裔美国人与新国家休戚与共，应该为捍卫自由而战。他说服林肯允许非洲裔美国人在联邦军队服役。尽管美国否认奴隶的人性，但道格拉斯并没有试图否认美国是他的国家，也不认为实现自由的前提是清除黑人。相反，黑人必须亲身参与新国家的建设。作为美国人，他相信美国可以从根本上重新设计以包容并接纳他。

导者的关系紧张起来。尽管如此，道格拉斯也认识到重塑并挑战脸谱化黑人形象所蕴含的力量，开始学会掌控自己在演讲、写作和摄影作品中的表现。

1845—1847年，道格拉斯在爱尔兰和英国巡讲了两年，还与19世纪早期英国废奴运动中硕果仅存的最后一批废奴主义者（如托马斯·克拉克森）进行了会面。正是在这段时间里，道格拉斯的英国友人筹措资金，正式从其主人奥尔德那里买下了他的自由权。道格拉斯终于获得了法律意义上的自由，免予被捕返奴。道格拉斯从欧洲头面人物那里得到的公开力挺，进一步增加了他在美国的信誉度。他带着英国拥趸捐赠的500英镑返回美国，用这笔钱创办了他的第一份废奴主义报纸《北极星报》（The North Star）。除此之外，他和妻子还积极参与"地下铁路"拯救行动，将400多名逃跑的奴隶带到家中，让他们在通往自由之路上能得到片刻的歇息与安宁。

道格拉斯是超越意识形态分歧开展对话和结盟的积极倡导者。值得注意的是，他还是女权运动的支持者，参加过许多推动女权事业发展的活动，例如美国历史上首次女权运动大会塞内卡瀑布（Seneca Falls）大会，他是与会的唯一一位非洲裔美国人。尽管人们极力否认他的贡献，但直到道格拉斯发表演讲后，一项支持女权的决议才获得通过，足见他作为能言善辩的演说家的巨大影响力。然而，他与女权事业的互动令一些人颇有微词，毕竟并非所有人都支持女权运动。许多人认为，非洲裔美国人的自由、平等和选举权是更加刻不容缓的问题。道格拉斯的帮衬只会赋予白人女性选民更多的权利，而她们根本不会投票支持黑人的权利。

可是，燕雀安知鸿鹄之志。理查德·布拉德伯里（Richard Bradbury）认为，借爱尔兰

▲ 道格拉斯呼吁林肯总统及其内阁招募黑人

他是奴隶制影响的鲜活化身，也是黑人体魄和才智的代表。

和英国之行的东风，道格拉斯将反对奴隶制的斗争与许多其他问题联系起来：新工业化伦敦的贫困、爱尔兰的饥荒与自治以及妇女权利，等等。这位政治家在晚年甚至接受了加勒比海和拉丁美洲地区的多元文化和民主思想，向白人至上的理念发起了挑战。道格拉斯对与美国原住民和新移民有关的问题很感兴趣。他是一位地道的美国人，但他超越了曾经奴役他、拒绝他成为同胞和公民的美国，大踏步走向国际舞台，从而营造出更加广阔的空间来建构和思考他所代表的一切，与那些志同道合的改革者进行对话，由此形成的全球性相互借鉴的视角促使道格拉斯成为一个富有同情心的现代人物，世界各地的人都把他看作自己人。他让被压迫的人民意识到，只要团结一

摄影先驱

摄影是弗雷德里克·道格拉斯信仰体系的重要组成部分，也是他用来战胜奴隶制和种族主义的工具

19世纪是社会发生巨大变革的时代。摄影作为一种新的艺术形式迅速发展起来。随着银版照相法的发明，摄影变得越来越便宜，逐渐走进寻常百姓家。道格拉斯将摄影视为一种能够满足民众需求的民主媒介。他认为，尽管政客会撒谎，大肆宣扬虚假的奴隶形象来为奴隶制的苟延残喘洗白，但照相机会道明真相。将黑人作为人而非财产的微妙、严肃、多元形象通过摄影固化下来，对黑脸滑稽剧中黑人的负面形象形成了挑战。

道格拉斯是19世纪被拍照最多的美国人（甚至比总统亚伯拉罕·林肯还多）。这对曾经的奴隶和黑人来讲委实不可思议。目前已发现的道格拉斯经年拍摄的照片大约有160张。他直视照相机，面对观众，从未笑过。通常情况下，摄影师会要求拍摄对象温柔地凝视远处，或者把目光投向镜头之外，然后微笑。但道格拉斯的凝视令人不敢小觑。他不想把微笑、快乐、顺从的奴隶形象展现出来。同时，他也不落窠臼，把颇受白人欣赏的尊严、教养、富有和成就不失时机地表现出来。他的笔挺礼服和飘逸发型俨然一袭传统英雄的风范。

他的肖像照片被复制成版画分发，以配合宣传他的演讲。他对摄影的利用极具颠覆性和高度政治性，反映出他复杂的政治哲学、他对媒体如何左右公众舆论的理解以及他对艺术的社会力量之推崇。

▲ 道格拉斯与第二任妻子海伦·皮茨·道格拉斯的罕见合照

心，就一定能够推翻共同的压迫者。

在1852年《美国独立日对奴隶来说意味着什么？》这篇著名演讲中，道格拉斯着重强调了教育对创造人生机会和改善非洲裔美国人生活的重要性。作为奴隶在主日学校教书的早期经历使道格拉斯成为倡导学校废除种族隔离的先驱。他也是一位虔诚的宗教和精神领袖，笃信基督教不与奴隶制为伍。他心甘情愿戒烟戒酒以及戒除其他"堕落"之物以保持身体的"纯净"。

1845年、1855年和1881年，道格拉斯先后出版了3个版本的自传（1892年修订版）。每一版的自传都是在他人生和职业生涯的不同阶段撰写的，有着不同的基调、目标和意识形态。及至1861年美国内战爆发之际，道格拉斯已经成为美国最著名的黑人之一。他既是亚伯拉罕·林肯及其结束奴隶制主张的忠实支持者，也是中肯批评者。后来在美国重建时期，道格拉斯获得了几项政治任命，其中包括担任解放者储蓄银行的行长。

随着对新解放奴隶的暴力回潮和三K党的崛

▲ 这幅当代版画将道格拉斯定位为种族政治乃至美国政治的翘楚与核心人物

他让被压迫的人民意识到，只要团结一心，就一定能够推翻共同的压迫者。

起，道格拉斯力挺尤利塞斯·格兰特（Ulysses S.Grant）在1868年总统大选中提出的反对种族隔离和暴力的主张。格兰特派道格拉斯出使西印度群岛和海地，代表美国政府处理加勒比海及相关地区的事务。

格兰特想要探讨美国把圣多明戈兼并为一个州的可能性，借此来缓和种族紧张局势。1889年，哈里森总统任命道格拉斯为美国驻海地公使、总领事兼驻圣多明戈临时代办。道格拉斯在美国政坛高层备受青睐，也很有影响力，1872年竟然成为被提名为美国副总统候选人的首位非洲裔美国人（尽管他既不知晓也未同意）。

道格拉斯的后半生跌宕起伏。尽管他十分受人尊敬和拥戴，但批评之声也不绝于耳，人身安全受到威胁他也习以为常。他的家曾被纵火焚毁，迫使他和家人迁居首都华盛顿特区。与激进

废奴主义者的分歧导致他流亡国外。他的家庭生活也成为流言和丑闻的众矢之的。妻子安娜在世时，他与白人女性有过两次风流韵事。1880年安娜去世，两年后道格拉斯再婚，迎娶了比他小20岁的白人妇女参政论者和废奴主义者海伦·皮茨（Helen Pitts）。

　　婚内出轨和饱受争议的第二次婚姻玷污了道格拉斯的声誉。据他的孩子们（道格拉斯有5个孩子）后来回忆，他们的母亲算得上真正的圣人。她一如既往地作为道格拉斯最热心的后盾，时时处处呵护着他的名声，同时保持着自身所应有的体面和尊严，纵然丈夫在外不负责任地拈花惹草。令人震惊的是，尽管道格拉斯是美国最受尊敬的作家和学者之一，但他的发妻却一辈子都是文盲。

　　道格拉斯一直在参加废奴活动，直到生命的最后一息。1895年，77岁的道格拉斯在一次关于妇女选举权的演讲中赢得了全场起立鼓掌，就在此时，他因心脏病发作而颓然倒地，撒手人寰。成千上万的人怀着崇敬的心情走过他的棺椁，和他依依作别。世界各地有无数雕像、纪念物和牌匾向他表达深深的敬意。人们永远不会忘记他的主张：宣传、教育、工作和改革这四大领域里的变革能够改变非洲裔美国人乃至全体美国人的生活。

▲ 首都华盛顿特区美国国会大厦解放大厅里的道格拉斯雕像

133

1831年，美国奴隶主最可怕的噩梦以纳特·特纳领导的南安普敦起义的形式成为现实，废除奴隶制的争鸣被撕得粉碎

起义与反抗

跨大西洋奴隶贸易伊始，起义和反抗的力量就暗流涌动

—————— 哈雷思·艾尔·布斯塔尼 ——————

16—19世纪，超过1200万非洲男女和儿童被俘虏，运送到大西洋彼岸的美洲，成为欧洲和美洲种植园主的奴隶。然而，从跨大西洋奴隶贸易最初那一刻起，起义和反抗的种子就开始生根发芽。

发端可以追溯回非洲。那里的村庄和城镇都建立了防御工事和预警系统，以抵御商人和敌人的袭扰。随着奴隶船驶离非洲大陆，自由的非洲人继续在岸上向他们发起攻击。那些无法逃脱噩运的人也绝不是被动的旁观者。他们虽身陷囹圄，但心向自由，生存的全部意义就在于不懈的起义和抗争。

虽然大多数人不清楚什么样的命运在等待着他们，但穿越中间航道的旅程让他们有足够的机会提前窥见自己的未来。奴隶船上的状况如此恶劣，以至于多达1/5的奴隶还没到美洲就已葬身鱼腹。结果是，1/10的航次都发生过某种形式的暴动。1699—1865年，发生过50余起大规模起义，360多艘奴隶船上爆发过近500起暴乱。

"克莱尔"（Clare）号上的奴隶不仅奋起反抗，而且成功地将水手们从船上扔到了海里，赢得解放的他们最终在加纳海岸角奴隶堡登陆。然而，当奴隶起义被证明是徒劳的时候，残忍的奴隶贩子往往会杀鸡儆猴，在周围船只的围观下公开将奴隶们一一处决。一些人干脆选择自我了断，跳海或绝食而亡，宁愿自由死也绝不作奴生。

非人待遇

那些在航程中幸存下来的人发现自己被拍卖给了掠夺成性的经济作物种植园主，沦为他们追求利润最大化的工具。尽管表面上认同基督教价值观以及美国和法国大革命中人人生而平等的理念，但种植园主不惜扭曲个人道德为商业利益服务。在家长式世界观的主导下，他们没把黑人当人看待，认为黑人必须依赖自己的主人才能生存。正如路易斯安那州一个种族主义种植园主所写的那样："要让黑鬼对你充满信心，教他学会向你寻求帮助，他就是听你使唤的奴隶。"

▲ 随着对奴隶权利的限制不断加码，奴隶们被迫想方设法加以逃避和抵抗，而每一次集会或礼拜都有可能演变成群体反抗行动

那些敢于反抗的人被活活烧死、绞死或饿死。

▲ 奴隶暴动层出不穷，中间航道上 1/10 的航次都发生过奴隶暴乱甚至群体自杀

奴隶主和奴隶之间的力量此消彼长，往往在动态中寻找平衡。从奴隶暴乱的历史中一路走来的种植园主总能敏锐地意识到奴隶群体中蕴含的爆炸性威力。

过度劳作，食不果腹，被迫挤在泥地棚屋里，基本人权遭到剥夺，奴隶们对此已经见惯不惊。尽管各个地区的法律和待遇不尽相同，但奴隶通常无权占有财产或赚取工资，这逼迫他们完全依赖主人来维持基本生计，而主人所提供的东西只够他们不至于饿死，不至于停工。为确保榨干奴隶身上每一滴血汗，种植园主要么动用监工对奴隶颐指气使，要么依靠工头逼奴隶就范。工头有权体罚任何被认为不守规矩或效率低下的奴隶。奴隶每天都会遭到痛殴和折磨，被毒打致死的不乏其例。有时，他们还会发现在没有任何征

▲ 白人废奴主义者约翰·布朗领导的奴隶起义未遂，但极大地加速了美国内战的爆发

兆的情况下自己的妻儿便被卖给了另一个主人。

对于奴隶来说，仅仅参加社交聚会和教堂礼拜就是严重的反叛行为。这种百般压抑的生活方式自然而然地形成一股默默流淌的逃避和抵抗潜流。最简单的表现是，奴隶们经常装病、纵火、"意外"使坏工具或干脆一走了之。所有这些都给他们的主人造成了巨大的经济损失。由于被剥夺了聚会权，他们便秘密聚集，派眼线跟踪巡逻人员，甚至必要时将民兵带进死路或引入陷阱。有些人可能会储存烧热的煤炭和炉灰，以备被发现时扬撒，为自己赢得逃跑的时间。

弱者的力量

尽管奴隶主不择手段，但如此震荡的火药桶终究会发生爆炸。1655年，当英国人从西班牙人手中夺得牙买加时，许多奴隶逃到内陆，在考克皮特山（Cockpit Hills）茂密的森林中建立了自由定居点，从那里他们对种植园发动定期的游击战袭击，由此造成了严重的后果——那些敢于造反的巴巴多斯和安提瓜奴隶被活活烧死、绞死甚至饿死。

在经历了白人殖民者纳撒尼尔·培根领导的起义后，弗吉尼亚州格外惧怕叛乱精神会蔓延到黑奴群体之中，因为有些县的黑奴数量与白人农民一样多。该州随即通过了几项法律，禁止黑人举行大型集会；禁止黑人使用武器；同时禁止奴隶未经允许离开主人的地界。

拥有50万奴隶的法属圣多明戈是加勒比海地区奴隶人口最多的殖民地。种植园主和奴隶之间的紧张关系正是在这里激化起来。岛上躬耕陇亩、食不果腹的奴隶生产出的蔗糖占当时世界蔗糖产量的1/3，使圣多明戈成为地球上最富有的殖民地。为实现利润最大化，种植园主强迫奴隶们戴上锡制面具，以防他们在地里偷吃甘蔗。此

早期美国起义

▲ 1741年，纽约和长岛发生了一系列纵火案。一场大搜捕之后数十名奴隶被处以绞刑和火刑

鉴于白人领导起义和叛乱的历史，弗吉尼亚对未来可能爆发的奴隶起义感到极端恐惧。1687年，威斯特摩兰（Westmoreland）县总督接到该县第一次疑似黑奴领导的暴动消息后，他最担心的事情终于得到了证实。为防止其他奴隶顺势揭竿而起，他组建起一个特别委员会，想要从速处决嫌疑犯。之后，又通过立法允许合法当局处死任何敢于反抗主人、逃跑或拒绝投降的奴隶；禁止英国人与非白人通婚。

半个世纪后的1739年，一位名叫杰米的奴隶带领100名安哥拉奴隶穿过斯托诺河地区，一路向佛罗里达圣奥古斯丁杀将而去，根据西班牙法律，他们在那里能获得解放，可以尽情敲鼓欢唱，高呼"自由"。他们招募黑人新兵，烧毁白人房屋，一周时间杀死了20人，直至被英国人镇压下去。这次暴动引发了随后一系列的叛乱。两年后，纽约和长岛发生一系列纵火案，人们将其归咎于奴隶和天主教的合谋，进而引发了一场全城大搜捕。尽管证据匮乏，但多达40名奴隶与4名白人一起被绞死或处以火刑，更多人遭到流放。

外，种植园主还会定期鞭打他们，然后残忍地用热灰和盐揉搓奴隶的伤口。

对于像文森特·奥盖（Vincent Ogé）所处的受过教育、衣食无忧的有色自由人阶层来说，这种生存境遇与法国宣称的对《人权宣言》的承诺相互抵触。1790年，奥盖前往法国为黑人争取普遍投票权，但遭到断然拒绝。返回后，当地总督也拒绝取消种族主义限制。奥盖试图发动起义，但被指控犯有叛国罪。行刑者将他和另一名起义人员的胳膊、双腿和臀部全都用铁锤砸碎，然后把他们绑在轮子上，在阳光下活活晒死。

这种野蛮行径激起了法国民众对殖民种植园主的憎恶。国民议会授予各殖民地自由父母所生的所有有色人种公民身份。但对于圣多明戈的奴

▲ 圣多明戈奴隶在与世界上两个大国英国和法国的对抗中取得的惊人胜利令世人哗然

隶来说，这还远远不够。翌年，一群奴隶起来造反，将奴隶文书付之一炬，杀死了数百名欧洲白人。暴动在欧洲贵族中掀起了轩然大波。法国很快意识到，这次暴动不会像以往那样轻易平息。仅仅两个月，起义奴隶就烧毁了数百座种植园，在杜桑·卢维杜尔的领导下占领了殖民地北部地区。

在接下来的10年里，起义军首先与法国作战，然后在法国废除奴隶制后与其结盟共同抗击英国和西班牙。1801年，与英国议和后，拿破仑派遣史上规模最大的法国入侵军前往该岛并抓获了卢维杜尔，但最终还是铩羽而归，丢下了5万人的性命。3年后，击败了两个世界大国的圣多明戈岛宣布独立，建立海地共和国，结束了长达3个世纪的奴隶制。这是一个前所未有的时刻。它向新大陆上的每一个奴隶主和奴隶传递了一条再简单不过的信息：一切皆有可能。

革命的涟漪

在海地革命的鼓舞下，美国有文化的奴隶铁匠加布里埃尔·普罗塞尔（Gabriel Prosser）准备召集1000名奴隶，打起"不自由毋宁死"的大旗起义，结果却遭到告密而被处决。还有一位是海地裔奴隶工头查尔斯·德斯隆德斯（Charles Deslondes）。在外人看来，机智过人的他最不可能领导奴隶起义。他的名声为他的革命活动提供了完美的掩护。

1811年1月8日，德斯隆德斯带领500名奴隶烧毁种植园，沿着河间大道（River Road）向南朝新奥尔良进发。他希望在那里能与更多革

139

▲ 杜桑·卢维杜尔领导的奴隶起义是最成功的奴隶起义之一。起义期间,圣多明戈数百个种植园被烧毁

命者联起手来。带着藏在住处很久的法国《人权宣言》以及在加纳和安哥拉内战中习得的作战经验,奴隶们清楚,面前的选择不是自由便是死亡,二者必居其一。他们穿披军装,骑着大马,看上去孔武有力,给新奥尔良白人留下了久久难以忘却的印象。尽管没人愿意承认,但起义军终究功亏一篑,经过两天的战斗,他们弹尽粮绝。德斯隆德斯被捕后未经任何审判便惨遭酷刑和杀害。后来,他的95名追随者被一一枭首并沿着60英里长的河间大道示众,以起到震慑潜在起义者的作用。

条条大路通南方

及至19世纪,由于轧棉机的发明,以南方腹地(Deep South)为中心的美国棉花产业迅速发展,棉花成为美国主要出口商品。随着利润的飙升,对奴隶的需求也一路看涨。1808年国际奴隶贸易废除后,弗吉尼亚等上南方(Upper South)各州对美国国内奴隶市场形成了垄断。然而,南方腹地的棉花供应量急剧攀升,导致全球价格暴跌,所引发的萧条对国内奴隶市场形成了掣肘,造成弗吉尼亚州积蓄了大量奴隶人口。到1820年,弗吉尼亚州100万居民中有2/5是奴隶,整个南方的奴隶人口达到了150万。

▲ 奴隶制产生了两股力量，即压迫者的残酷统治和奴隶们的大胆反抗

　　1829年，州长约翰·弗洛伊德（John Floyd）警告说，美国奴隶中存在着"不满情绪和不屈精神"。一位名叫贾斯珀·埃利斯（Jasper Ellis）的黑人受控"煽动奴隶暴动"，被无罪释放后竟然引起了媒体的骚动。为完全掌控局势，弗吉尼亚州的101488名民兵开始夜间巡逻，任何没有通行证却到处游荡的人都要遭到鞭打。到目前为止，白人奴隶主早已建立了一套残暴制度，旨在让他们的"财产"永远活在恐怖之中。

　　一名想要逃跑的女奴被抓到后，双腿被铁链锁住，由于锁得过紧导致感染，露出了森森白骨。还有一位怀孕女奴因精疲力竭而临产，监工用鞭子狠狠地将其抽打致死。在母亲惨遭鞭打之际，女儿呱呱坠地。还有一位遭到毒打的女奴对

仅仅两个月，起义奴隶就烧毁了数百座种植园。

▲ 1831年，奴隶纳特·特纳掀起了一场暴力杀戮狂潮，以期在美国奴隶中引发更大规模的革命

朋友说："范妮，我受不了了。我要去见上帝。"随后便自尽身亡。

1830和1831年，美国主要废奴主义者召开了黑人大会。会上提议为黑人创建一所学院。然而，弗吉尼亚州立法禁止自由黑人举行以教育为目的的集会、与白人通婚或与奴隶生活在一起，还把所有黑人罪犯都贩卖为奴。

特纳起义

在残酷压迫和暴力横行的背景下，奴隶纳特·特纳发动了一场地动山摇的起义。1800年特纳出生于南安普敦，一生下来便是奴隶。他的母亲也是奴隶，父亲情况不详。孩提时代，特纳开始有宗教经历，在学习阅读和写作后，他逐渐确信自己能从上帝那里接收自然界异象和神迹中的编码信息。当日食和天气现象同时发生时，特纳察觉到天空中发出了"巨大的声响"，他认为

自己必须站出来发动一场反抗。

1831年8月21日，他带领追随者闯进主人家，将其满门抄斩。在接下来的一天半时间里，他们从一个种植园扫荡到另一个种植园，解放奴隶，抢夺武器，杀死见到的每一个白人。他们最终聚集了50人，杀死近60名白人，最后遭到当地民兵镇压，特纳本人脱逃了6个星期。在此期间，美国白人变得狂躁不安，歇斯底里。更大规模奴隶起义的谣传如野火般蔓延开来，白人种植园主纷纷放弃自己的土地，把家人藏进深山老林。当25名奴隶在北卡罗来纳州发起第二波起义时，白人志愿军的铁蹄踏遍了南方，不分青红皂白地折磨和杀害美国黑人，一时间偏执情绪四处弥漫。一些报纸甚至大肆宣扬杀人最多的凶手。佐治亚州的民兵队长居然把奴隶绑在树上活活砍死。

在沼泽中被猎人抓住后，特纳面对的只有

死刑。尽管如此，特纳的反抗还是把奴隶制问题推到了风口浪尖，请愿书雪片般飞向弗吉尼亚州的立法机构，从解放黑奴到将自由黑人放逐回非洲，等等，不一而足。1832年1月25日，一场激烈的辩论终于尘埃落定。尽管大多数人都坚信奴隶制的邪恶，但没人愿意为废除奴隶制买单。弗吉尼亚州和邻近各州反而变本加厉，禁止黑人在晚上10点后聚集，禁止无证布道，禁止持有武器，禁止参加黑人自己的宗教仪式，禁止学习阅读，禁止出售食物和烟草以及禁止购买烈性酒。

动荡不安

在随后的几十年间，废奴运动内部的裂痕日益明显。1859年，紧张关系再度升级。白人废奴主义者约翰·布朗率领21人对西弗吉尼亚州哈珀斯费里军火库发起了攻击。布朗希望打入这座山城的军火库，夺取那里存放的10万支枪并顺势发动一场大规模奴隶起义。

尽管困难重重，但他坚信起义所肩负的道义责任，亲率自己的3个儿子参加了突袭。不过，他们很快被罗伯特·李率领的海军陆战队包围，布朗本人也被生擒。后来，他被处以绞刑，成为一名家喻户晓的烈士。临刑前他写道："我，约翰·布朗，现在非常肯定地讲，这块邪恶之地的罪孽只有用鲜血才能荡涤干净。"很快，整个美国都浸透了内战的鲜血，而在这场战争中，人们对布朗的鲜活记忆一直激励着废奴派联邦军队英勇作战。美国奴隶期盼已久的解放希望在废墟中升腾起来。他们之所以不惜冒着生命危险与残酷的奴隶制进行持之以恒的抗争，就是因为他们知道自由或许会姗姗来迟，但终有一天会翩然而至。

余震

海地革命在该地区引发了数十起暴动，其中就包括经历了百余年和平的巴巴多斯。尽管英国最终平息了叛乱，杀死1000人，处决214人，但来自70个种植园的奴隶聚集到一起，捣毁了岛上1/4的甘蔗林。虽然屡遭残酷报复，但奴隶起义的规模和复杂程度持续升级，以至于加勒比海地区每年都会经历两次奴隶起义。

当英国议会终于开始就废除奴隶制进行辩论时，牙买加种植园主们却粗暴地拒绝接受黑奴解放的概念，由此形成的压抑氛围引爆了另一场奴隶起义，即浸信会战争。1831年圣诞节过后不久，岛上30万奴隶中的6万人揭竿而起。传教士"老爹"塞缪尔·夏普（Samuel "Daddy" Sharpe）从加勒比海地区最近的奴隶起义中汲取了灵感，策动了这场起义。最初的罢工很快就像滚雪球般演变成了骚乱。尽管这次起义最终遭到镇压，但仅仅几年后，英国就做出了全面解放殖民地黑奴的决定。

巴西也爆发了数十起奴隶起义，主要集中在盛产蔗糖、棉花和烟草的巴伊亚（Bahia）地区，1835年的马累（Malê）起义将奴隶暴动推向了高潮。600名非洲奴隶和自由人与骑兵、警察、国民警卫队和民兵战斗了3个小时。这次起义是巴西奴隶解放漫漫长路上的一个里程碑，直到1888年巴西正式废除奴隶制。

▲ 海地奴隶起义的成功在此后数十年间引发了数起加勒比海及其他地区的奴隶暴动

结束"特殊制度"之战

一个人不能拥有另一个人，
现代美国就诞生在为捍卫这一原则所发动的血腥战争之中

———— 爱德华多·阿尔伯特 ————

奴隶制和废除奴隶制斗争与早期的独立战争一样，定义了美国的历史。美国奴隶制的不同寻常之处在于，它最终演化成为当时的重大政治、道德和宗教问题。一个人不能拥有另一个人，美国在这项原则上经受了鲜血的洗礼。

美国独立战争期间，英国效忠者和美国爱国者都承诺为自己一方作战的奴隶将获得自由。可是，尽管大陆军中黑人所占比例在 1/5 到 1/4 之间，但美国新宪法要求废奴州需将逃跑的奴隶返还蓄奴州，因此，北方废奴州和南方蓄奴州之间的鸿沟已经深不可测。到 1804 年，北方各州均宣布奴隶制非法，而南方各州经济与奴隶制的联系日益紧密，尤其是在轧棉机发明之后。

▲ 林肯总统终于发现尤利塞斯·格兰特将军能为联邦赢得这场内战

▲ 站在科科兰堡（Fort Corcoran）守卫室外的第 107 黑人军团士兵

▲ 具有卓越军事才能的南方邦联罗伯特·李将军功败垂成

尽管被俘后可能被处决或重受奴役之苦，但联邦黑人士兵在内战中英勇作战，在前线为自己赢得了一席之地

▲ 安提塔姆会战后，南方邦联的炮兵横尸旷野

"40 英亩地和一头骡子"

林肯遇刺后，雄心勃勃的补偿前奴隶的许诺未能兑现

南方大约有390万黑奴。美国内战结束、奴隶制废除后，他们将如何养家糊口？有人建议，南方白人奴隶主拥有的大片种植园应该分给以前的奴隶，这既是对他们无偿劳役的一份补偿，也是对他们未来生活的一种保障。

1865年1月16日，威廉·特库姆塞·谢尔曼将军在佐治亚州萨凡纳与20名黑人社区领导人讨论后，颁布了含有这项补偿政策的第15号特别战地令。该命令称："查尔斯顿南部岛屿、距海30英里河流沿岸的废弃稻田以及佛罗里达州圣约翰河沿岸的土地，专门留作安置因参战和美国总统宣布获得自由的黑人。"

这项被称为"40英亩地和一头骡子"的政策在南方产生了振奋人心的影响。前南方邦联各州的自由民纷纷声索土地、建立自治定居点。然而，1865年4月15日，亚伯拉罕·林肯遇刺。副总统、民主党人安德鲁·约翰逊（Andrew Johnson）继任并推翻了这项命令，将土地归还给了最初的所有者、最先挑动内战的种植园奴隶主，从此开始了阻碍美国黑人公民解放的漫长旅程。

▲ 内战结束后，南方一片废墟，从图中南卡罗来纳州哥伦比亚市的景象便可见一斑

面对南方奉行的"特殊制度"，一场日益壮大的废奴运动在北方各州已呈燎原之势。贵格会教徒是反对奴隶制的先驱。他们构成了第一个废奴组织自由黑奴救济会的中坚力量。该组织1775年成立，1784年更名为宾夕法尼亚废奴会，重量级人物本杰明·富兰克林出任会长。

宪法制定者意识到废奴州和蓄奴州之间的紧张关系，故意让这两个阵营中州的数量相等以平衡双方的政治权力。随着美国不断扩张，这一妥协不可避免地受到了考验和挑战。每逢有新领地要求加入联邦，都会对现状的平衡构成威胁。1821年，密苏里成为美国蓄奴州，只能通过同时承认缅因为废奴州来维系平衡。五分之三妥案寻求将这一平衡向西部拓展。北纬36°30′线以北为废奴州，以南是蓄奴州。

然而，五分之三妥案的问题在于，它没有

黑人士兵在内战的最后几年发挥着越来越重要的作用。

▲ 1862年南卡罗来纳州博福特（Beaufort）附近海岛上的棉花种植园。获得解放的奴隶们站在住所前合影

得到新领地居民的授权。随着奴隶制成为一个越来越有争议的问题，人们又另起炉灶，拟通过民众投票来决定新州以废奴还是蓄奴身份跻身联邦行列。旨在提供公众支持的1854年《堪萨斯-内布拉斯加法案》导致亲奴隶制的民主党分裂，许多人脱离民主党，加入了反奴隶制的共和党。

随着奴隶制问题继续撕裂美国，最高法院决定通过法律途径解决这个问题，以结束这场纠缠不休的辩论。1857年，最高法院就德雷德·斯科特案做出了臭名昭著的判决，即非洲奴隶子女永远不能成为美国公民；联邦政府无权在美国西部新领地将奴隶制定为非法。这一判决非但没有终止辩论，反而促使事态进一步恶化。

随着民主党分裂，主张废奴的共和党候选人亚伯拉罕·林肯赢得了1860年总统选举。鉴于南方各州认为与其繁荣息息相关的"特殊制度"受到新政府威胁，1861年2月4日，蓄奴州成立了

美利坚邦联。至此，一切争论全都成为无稽之谈。围绕美国身份形成的由来已久的道德问题，无论是废奴还是蓄奴，都必将通过战争加以解决。

起初，这场战争似乎能速战速决。北方联邦人多势众，在制造能力和铁路里程方面也拥有巨大优势。然而，南方邦联有着强大的军事传统和优秀的军事指挥官，内部沟通便捷顺畅，漫长的海岸线造成北方联邦实施的旨在掐住南方补给线的海上封锁战略无法真正落到实处。虽然北方联邦为原则而战，但南方邦联的士兵出征的目的更加直接和私人，那就是捍卫他们的生活方式和制度，尤其是奴隶制。

1861年7月21日，南北战争的首场大仗第一次布尔朗（Bull Run）战役凸显了邦联所拥有的直接优势。求胜心切的联邦军在强大的公众压力下向南方邦联首府弗吉尼亚州里士满进军，但在位于华盛顿特区西南30英里处马纳萨斯

▲ 1851年宾夕法尼亚废奴会执行委员会全体委员合影

▲ 亨利·路易斯·斯蒂芬斯（Henry Louis Stephens）创作的水彩画（约1863年）描绘了一个黑人在阅读报纸上关于《解放黑人奴隶宣言》的报道

（Manassa）市北部遭到南方邦联军的阻击。惊慌失措的联邦军一路溃败，逃回华盛顿特区，隐隐流露出不祥的预兆。

双方意识到战争将是漫长而又血腥的，于是开始大举招兵买马。与南方邦联军将军的猛冲猛打相比，最初联邦军的指挥官畏首畏尾，故而直到1862年春季，乔治·麦克莱伦（George McClellan）将军才授权向南方邦联领土发动新的攻势，于5月4日攻占约克敦（Yorktown）。

然而6月底，由南方邦联将军罗伯特·李和绰号"石墙"的托马斯·杰克逊（Thomas "Stonewall" Jackson）指挥的反击将联邦军打退。到8月底，南方邦联军发起进攻，开始入侵北方。不过，经过9月17日最为血腥的安提塔姆会战，南方进攻受阻，此后随着冬季来临，内战按下了暂停键。

尽管军事行动暂时停止，但政治冲突片刻未歇。联邦在安提塔姆获胜后，林肯总统颁布了《解放黑人奴隶宣言》，宣布自1863年1月1

▲ 安提塔姆会战期间林肯总统和麦克莱伦将军及其他联邦军官在一起

日起，南方邦联各州所有被奴役的人"从此永远自由"。签署完《解放黑人奴隶宣言》的林肯说："我这辈子从未像签署这份文件时这样确信自己做了一件无比正确的事情。"

虽然适用于叛乱邦联各州的这份宣言实际收效甚微，但它具有极其重要的象征意义，将结束奴隶制提升为与捍卫联邦同等重要的战争目标，并确保英国和法国不向邦联提供援助。该宣言还使美国黑人加入联邦军成为可能。到战争结束时，已有20万左右黑人参军服役。林肯在辞世前不久谈及《解放黑人奴隶宣言》时说："这是我对美国内战做出的最伟大、最持久的贡献。事实上还可以说，这是我的政府所采取的一项重大行动，也是19世纪的一件大事。"

虽然联邦军接受黑人士兵，但鉴于他们中的大多数都是从南方各州逃亡的奴隶，因此最初不愿给他们装备武器，也不想让他们奔赴前线作战。然而，黑人连（联邦军仍然实行种族隔离）的出色表现表明黑人士兵在内战的最后几年发挥

着越来越重要的作用，尽管他们一旦被俘后果就不堪设想。南方邦联将联邦军黑人士兵视为叛徒和叛军，抓到后不是重新奴役就是就地处决。

至于内战，1863年爆发了一系列血腥战斗，消耗了南方邦联的兵力储备。1864年，林肯终于发现尤利塞斯·格兰特将军在战斗精神和指挥能力上令南方军官望尘莫及。格兰特与威廉·特库姆塞·谢尔曼（William Tecumseh Sherman）将军一起率领联邦军对南方打起了消耗战，极大地削弱了南方发动和维持战役的能力。1865年4月9日，罗伯特·李将军在弗吉尼亚州阿波麦托克斯法院大楼投降，美国内战就此结束。这是工业时代的第一场大仗，目前估计约伤亡75万士兵和同等数量的平民，冥冥之中也预示着未来世界大战将会把人世间变成杀戮场。

1865年4月15日，胜者之王亚伯拉罕·林肯总统遇刺，身后留下的悬而未决的问题是如何让度尽劫波的战斗人员团结起来，不要错失良机，投身到重建美国的事业中去。

庆祝解放

　　1865年前后托马斯·纳斯特（Thomas Nast）创作的雕刻画，以纪念美国内战结束后南方奴隶的解放。左侧描绘的是残暴的奴隶制和邦联统治下的奴隶生活场景，与右侧（下页）美国获得解放的黑人对美好未来的憧憬形成了鲜明对照。然而，对许多南方黑人来说，解放并不意味着他们与种族歧视和种族主义的斗争已经结束。

PUBLIC SCHOOL.

CASHIER.

赢得战争与丢掉和平

内战结束后重建开始，
但对众多美国黑人来说，斗争仍在继续

—— 爱德华多·阿尔伯特 ——

这幅 1867 年的版画描绘的是自由民在新奥尔良第一次投票时的场景

奴隶制结束了，联邦得救了，造成国家分裂的重大原则问题已经在鲜血中了结。付出众多生命代价之后，历史不会重蹈覆辙。在亚伯拉罕·林肯身上人们看到了一位具有智慧、洞察力和同情心的领袖的影子。民众相信他能治愈这个国家，确保内战所捍卫的解放被奴役者原则永续存在。但是，1865 年 4 月 14 日，也就是罗伯特·李将军投降、内战结束 5 天后，林肯夫妇去首都华盛顿特区福特剧院观看歌剧《我们的美国表亲》。

正当他们沉浸在剧情中时，演员、邦联支持者约翰·威尔克斯·布斯（John Wilkes Booth）悄悄走到林肯夫妇身后，近距离行刑式枪击林肯的后脑。8 小时后，身受致命伤的林肯溘然长逝。刺客布斯逃走，两周后遭枪杀。1864 年 11 月，林肯连选连任，因此他的副总统、南方民主党人安德鲁·约翰逊接替林肯，宣誓就任美国总统，任期近 4 年。

▲ 竞选活动把保护自由黑奴的联邦组织自由民局（FB）说成是懒惰黑人的懒惰通行证

新的立法机构开始颁布法律，恢复除奴隶制之名以外的一切奴隶制之实。

▲ 在 1874 年自由广场之战中，白人联盟民兵袭击了新奥尔良种族融合的警察力量

维持现状

不幸的是，约翰逊总统执拗于种族主义，不亚于执着于美国宪法。作为宪政主义者，他不遗余力让南方各州享有自治自由，而作为种族主义者，他所赋予的这种自由使得邦联各州通过了一系列法案，旨在将新获释的奴隶送回种植园，永远不得离开。

内战结束之后，约翰逊立即动用总统权力赦免了南方邦联的所有白人公民，而联邦领导人和大种植园主不得不亲自请求赦免。约翰逊还提议将所有土地和财产归还给遭剥夺的南方人，但奴隶除外，不得将他们归还给以前的主人。各州还必须批准禁止奴隶制的《美国宪法第十三条修正案》。作为回报，南方公民必须宣誓效忠联邦；各州不得脱离联邦，必须免除内战期间积累的债务。这些条件都很慷慨，林肯若在世似乎也不会

反对，毕竟有位联邦将军曾请示林肯如何处置败军之将，林肯答道："宽大为怀。"

然而，林肯不太可能默许约翰逊对奴隶如此行事，因为显而易见，南方各州都在利用享有的自由裁量权来最大限度地回归奴隶制。南方民主党人约翰逊认为，"只有白人才能治理南方"。新的立法机构开始颁布法律，恢复除奴隶制之名以外的一切奴隶制之实：解放的黑奴只能在田里劳作；没有工作的黑人可以卖给种植园主当劳工；可以把黑人儿童从家中带走。

战斗仍在持续

1865 年 12 月，共和党主导的国会复会，而此前约翰逊业已宣布重建结束，这令为奴隶解放而战的共和党人感到恐惧。更重要的是，包括副总统亚历山大·斯蒂芬斯（Alexander

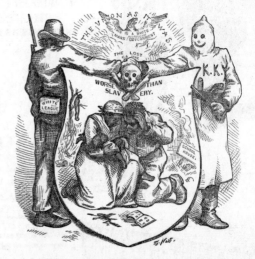

▲ 托马斯·纳斯特在《哈珀周刊》（Harper's Weekly）上发表的一幅漫画，揭露了南方白人至上主义团体的暴力行为

▲ 内战期间北方联邦军指挥官、美国第18任总统尤利塞斯·格兰特

Stephens）在内的许多前南方邦联官员都当选为国会议员。然而，当这些官员向众议院提出自己的议席要求时却吃了闭门羹。

共和党主导的国会不顾民主党总统的百般阻挠，通过了《民权法案》。该法案"不分种族、肤色，也不论以前是奴隶还是强迫劳役者"，赋予所有人以公民身份。然而，这一法案在提交给约翰逊总统时却遭到否决。国会不顾总统的反对，投票推翻了约翰逊的否决，1866年4月9日通过此项法案。

在南方，随着三K党在田纳西州成立，种族紧张局势不断加剧，导致田纳西州孟菲斯市发生了为期3天的暴乱，造成48人（几乎清一色黑人）死于非命。

日渐激进的国会提出了《美国宪法第十四条修正案》，直接将美国公民定义为在美国出生或入籍的人，并送交各州批准，同时要求南方各州批准该修正案，以此作为重新加入联邦的条件。在1866年秋季国会选举中，选民们选出的众议院议员大都是决意重启重建工作的激进共和党人。他们在国会中占多数，约翰逊总统对他们也无计可施。国会随后通过了一系列重建法案，将南方划分为五大军区，实行军管并迫使他们接受黑人拥有选举权，由此拉开了后来被称为国会激进重建的序幕。这一进程一直持续到1877年。

在这一时期的大部分时间里，共和党控制着南方大多数州。为实施重建法案，许多北方士兵、教师和商人来到南方。人们把他们称作地毯提包客（carpetbaggers），因为他们的手提包是用缝合在一起的地毯制成的。南方人还把当地出生的共和党白人（主要是小农）叫作无赖。最终，当地黑人以压倒性优势投票支持共和党，以期结束南方的种族隔离，获得一定的经济和政治权利。结果，美国黑人入选国会和参议院，更多

▲ 副总统安德鲁·约翰逊在林肯遇刺后继任总统。人们经常将其列为美国历史上最糟糕的总统之一

▲ 许多北方教师前去南方教育和培训新近解放的奴隶

▲ 虽然被剥夺了政治权利，但黑人教会在南方相继建立起来，成为社区生活与希望的核心

的黑人在州立法机构任职并担任南方日常民选官员，从治安官到治安法官不一而足。对以种族隔离为基础的社会而言，黑人解放给白人带来了巨大的冲击。对许多南方白人来说，黑人奴隶似乎一夜之间就华丽转身成了他们的政治主人，对此他们郁郁寡欢。

1867—1868年，大多数南方州重新加入联邦（1870年加入的佐治亚州是最后一个）。1868年7月9日，《美国宪法第十四条修正案》获得批准。约翰逊总统以最微弱优势（国会投票弹劾，参议院1票反对）逃脱了被弹劾的噩运，但民主党人没再给他连任的机会。他们选择

曾担任过纽约州州长的霍拉肖·西摩（Horatio Seymour）作为总统候选人。共和党提名的是美国内战胜利的军事设计师尤利塞斯·格兰特将军。格兰特最后以微弱优势赢得了选举。正是新获得选举权的黑人的选票把共和党候选人送上了总统的宝座。

法律解决方案

在共和党总统、国会和参议院的支持下，国会立法委员通过了《美国宪法第十五条修正案》，交由各州批准。该修正案规定无论种族、肤色或以前是否为奴，人人都有投票权。鉴于南方白人

至上主义组织（最为猖獗的是将解放黑奴和共和党人作为威胁、暴力和谋杀目标的三K党）使出浑身解数阻止黑人解放，这项修正案算是对南方暴力事件不断升级的回应。然而，随着暴力事件接连发生，国会通过了《强制法》，允许联邦政府在当地司法机构履职不利时出面保护黑人公民权利。1871年通过的第三项《强制法》亦称"三K党法案"，以三K党为目标，通过有效手段成功摧毁了三K党组织的第一次迭代。然而，寻求推翻共和党统治的地方民主党人也成立了类似的组织，充当民主党的拳头，最终帮助民主党在南方重新掌权。

虽然激进重建始于伟大理想和殷殷厚望，但最终还是被污蔑为腐败之举。北方政治丑闻败坏了许多高官的名声，而关于南方黑人政府官员腐败的谣言也开始不胫而走。虽然1872年格兰特总统赢得了连任，但重建的耐心和愿望几近耗尽。战争已于7年前结束，选民和政客的注意力已经出现转向。尽管南方的暴力仍在继续，但民主党在1874年底的国会选举中胜出，赢得了众议院的多数席位。到1876年，南方各州中只有路易斯安那、佛罗里达和南卡罗来纳处在共和党的操控之下。在众议院和大多数南方州立法机构的左右下，民主党人通过了统称为吉姆·克劳法（Jim Crow laws）的一系列种族主义法律和法规，以确保南方继续实行种族隔离制度。这些法律一直执行到1963年。共和党人为黑人解放进行了长期艰苦的拼搏，最终赢得了"战争"，而民主党人则一意孤行地坚持白人至上和种族隔离，最终守住了"和平"。

新私刑暴徒

大屠杀血证：一切均未改变

1872年路易斯安那州选举激战犹酣，共和党人和民主党人平分秋色。之后，随着准军事组织控制当地教区的谣传四起，一支由内战老兵威廉·沃德（William Ward）率领的黑人民兵部队于1873年4月控制了格兰特教区县府大楼。随着白人至上主义分子越聚越多，沃德于4月11日离开，前去寻求州长的帮助。两天后，携带一门大炮而来的白人至上主义部队开始炮轰县府大楼。经过短暂交火，黑人抵抗者投降。随后，一场大屠杀接踵而至，大约有60—150名黑人民兵惨遭杀戮，其中许多人是在投降被俘后遇害。有关这起大屠杀事件的报道登上了全美各地报纸的头条。联邦军队最终逮捕了97名涉案暴徒。然而，由于担心在州法院以谋杀案进行审判会判被告无罪，便以违反《强制法》罪名而不是以谋杀罪名提起诉讼。但当该案上诉至最高法院时，最高法院却做出了对被告有利的判决，辩称《强制法》只适用于各州，而不适用于个人。因此，大屠杀凶手最终还是逃脱了法律的制裁。

南方黑人面对贪腐和偏袒的地方法院束手无策。随着第一部吉姆·克劳法的通过，南方种族隔离卷土重来。

▲ 虽然科尔法克斯（Colfax）大屠杀引起了全体美国人民的愤怒，但大屠杀的结局向美国南方黑人表明，一切至死不变，只能安坐待毙

171

172

奴隶贸易孽债

解析跨大西洋奴隶贸易对美国和
世界各地的持久影响

161　漫漫自由路

172　自由乐土?

整个20世纪，非洲裔美
国人一直都在不懈地为结
束美国的种族不平等和种
族隔离而奋斗

漫漫自由路

重建后，美国黑人以他们的尊严和勇气，
毕生致力于推翻压迫、迫害和苦难的制度

哈雷思·艾尔·布斯塔尼

对美国获得解放的奴隶来说，随着重建时代的结束，永远自由、平等与和平的承诺也随之告一段落。南方农业区的自由家庭尽管得到了"40英亩地和一头骡子"的许诺，但他们很快目睹自己的土地被安德鲁·约翰逊总统还给了以前的南方邦联地主。许多人迫于生计无奈成为佃农，为地主干活以换得部分收成。为开创新生活，众多黑人不顾一切地向北、向西迁居芝加哥、底特律、纽约、费城和洛杉矶等城市，但在那里等待他们的仍然是种族歧视和四伏的敌意。

尽管第十三、十四和十五条宪法修正案废除了奴隶制，让黑人享有公民身份和投票权，但最高法院从中作梗，迅速采取应对措施加以阻挠。1883年最高法院裁定，虽然各州不得歧视非洲裔美国人，但公民个人不在其列。这为通过吉姆·克劳法（以种族主义剧目《跳吧，吉姆·克劳》的名字命名）实现种族主义重新制度化铺平

▲ 五花八门的法律、法规和协议拼凑起来的吉姆·克劳法旨在让黑人甘于贫困，远离投票

▲ 1882—1968年，共有3446名黑人被三K党和其他白人至上义仇恨团体私刑处死

了道路。吉姆·克劳法并非联邦政府批准的正式法律，而是限制黑人权利的州和地方法律、法规及协议的大杂烩。尽管全美各地情况各不相同，但在许多城镇，吉姆·克劳法将种族隔离政策正式化，黑人和白人的生活从摇篮到坟墓全都黑白分明地区隔开来。

黑人婴儿必须在黑人医院才能出生，黑人尸体必须埋葬在黑人墓地。公共汽车站、喷泉、卫生间和大楼入口悬挂的"白人专用"和"有色人专用"的标识比比皆是，从娱乐设施到学校，从监狱到军队，黑人与白人生活的方方面面全都泾渭分明。1896年，最高法院在普莱西（H.A. Plessy）诉弗格森（J.H. Ferguson）一案中做出了另一个极具毁灭性的裁决。被认定具有1/8黑人血统（octoroon）的普莱西认为在新奥尔

作为社会经济体系支柱的吉姆·克劳法旨在让黑人深陷贫困而不能自拔。

▲ 奴隶制废除后，许多黑人沦为佃农。地主让他们耕种土地以换取一些必需的农产品

人往往发现自己在种植园主、商人和公司面前债台高筑，陷入恶性债务循环，最终只得白白出力。

那些历经千难万险接受教育或掌握专业技能的黑人难免成为令白人嫉妒和恐惧的牺牲品。1882—1968年，共有3446名黑人被三K党和其他白人至上主义仇恨团体私刑处死。他们疯狂地烧毁房屋、杀人越货而不受法律惩处，让非洲裔美国人时刻生活在恐怖之中，更重要的是远离投票。1916年，17岁的杰西·华盛顿（Jesse Washington）因在得克萨斯州韦科（Waco）强奸并谋杀一名白人妇女而被判有罪，当时有1万多人聚集到一起观看并参与了对杰西实施的长时间酷刑和私刑，儿童、市长和警察局长都赫然跻身其中。

到1908年，越来越多的黑人陆续到美国

良公共交通工具上采取隔离做法违宪，但最高法院却不认同。这一裁决催生了"隔离但平等"的概念，即只要平等对待，完全可以允许新奥尔良州将黑人与白人的设施和服务分开。

白人和黑人通婚更是违法。尽管黑人在法律意义上有选举权，却因选举税、恶意欺诈、文化测试和人身威胁而无法进行投票。"祖父条款"还进一步设障，规定除非祖父有投票权，否则任何人都不能参与投票，而这对奴隶后代而言简直就是天方夜谭。

压榨体系

作为社会经济体系支柱的吉姆·克劳法旨在让黑人深陷贫困而不能自拔。尽管"劳役偿债"系非法，但许多白人雇主依然我行我素。他们会预支黑人的工资，然后从他们的工资中扣除。黑

▲ 种族隔离只是种族主义者用来控制和压迫黑人的一种手段

▲ 为应对种族骚乱，1917年全美有色人种协进会在纽约组织了一场万人静默游行。这是首次在纽约组织的此类抗议活动

▲ 1963年，亚拉巴马州伯明翰警方用警犬、消防水龙头和警棍袭击了和平抗议者，此举让南方种族主义引起了世人关注

工业中心寻找生存机会。虽然伊利诺伊州春田（Springfield）市4.7万名居民中非洲裔人口只占5.5%，但该市却是最大的黑人聚居地。不过，与在工厂和煤矿里和他们争抢饭碗的欧洲移民不同的是，春田市的非洲裔美国人扮演的基本上都是卑微的角色，如苦力、货车司机、擦鞋匠、园丁、司炉工或仆人。

是年夏天，两名黑人被指控对白人实施性侵犯和谋杀，一伙白人暴徒包围了监狱，要求偿还血债。当警方将两名嫌疑人偷偷带到安全地带时，5000名怒火中烧的暴徒转而向城市泄愤。他们焚烧、抢劫黑人财产，谋杀并私刑处死两名黑人，另外还有几名黑人也惨遭毒手。《伊利诺

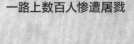

黑色华尔街大屠杀

私刑未遂的白人暴徒烧毁了美国最成功的黑人社区，
一路上数百人惨遭屠戮

▲ 白人种族主义者将富裕的格林伍德区夷为平地，造成数百人死亡，1万人无家可归

第一次世界大战结束时，俄克拉荷马州塔尔萨（Tulsa）是美国最富裕的黑人社区之一，其核心是号称"黑色华尔街"的格林伍德区（Greenwood District）。对非洲裔美国人来说，拥有自己的电影院、银行和酒店的社区是一座希望灯塔，但对白人社区而言，这无异于嫉恨之源。

1921年5月31日，《塔尔萨论坛报》（Tulsa Tribune）发表了一条煽动性极强的消息，报道黑人迪克·罗兰（Dick Rowland）企图强奸一名白人妇女。不久，一伙白人暴徒便聚集到县府大楼前，警察已经把罗兰堵在了里面。由于担心罗兰会被私刑处死，一群黑人支持者赶到了现场，但在交火之前，黑人集体逃到了格林伍德。

愤怒的白人暴徒穷追不舍，看到黑人便开枪，在格林伍德区里大肆烧杀抢劫。在黑色华尔街被焚之际，州长宣布戒严并立即派出国民警卫队。国民警卫队非但没有逮捕暴徒，反而将市里的6000名黑人居民全部关进会议厅和游乐场，其中一些警卫队队员甚至还加入了大屠杀。经过24小时骚乱之后，残酷的事实在滚滚浓烟中浮现出来：35个城市街区被夷为平地，800人受伤，数百人死亡，1万人无家可归。

虽然对罗兰的指控最终撤销，但一些居民被拘留了8天。该地区的许多白人居民和美国红十字会向受害者伸出了援助之手，但没有人因大屠杀而被起诉。相反，地方当局竭力掩盖事件真相，将罹难者埋进没有标记的坟墓，销毁警方记录并在微缩胶卷转移之前撤除了《塔尔萨论坛报》上的那条煽动性新闻。

教育的力量

布克·华盛顿和杜波依斯虽然政见不同，
但都为教育平等铺平了道路

奴隶之子布克·华盛顿（Booker T. Washington）出生于1856年，没有姓氏。美国内战结束后，他步行200英里来到西弗吉尼亚州，在当地文法学校注册后，把继父的名字华盛顿用作自己的姓氏。9岁时干起了熔盐炉工，后来先后在汉普顿师范与农业学院和韦兰（Wayland）神学院学习。回到汉普顿后，1881年被提名为塔斯基吉师范与工业学院首任院长。

担任院长期间，布克倡导对非洲裔美国人的教育和赋权，鼓励黑人提升职业技能以确保他们的宪法权利能落到实处。然而，他也建议非洲裔美国人应该"妥协"并接受种族隔离，同时还秘密资助反对种族隔离的法律之战，因此，人们称他是"伟大的迁就者"。

黑人学者和专业人士组织尼亚加拉（Niagara）运动的发起人杜波依斯（W. E. B. Du Bois）对这种"妥协"大加谴责。生来自由的他强调黑人接受传统教育、培养自己的学术领军人物以实现社会和政治平等的重要性。为回应布克的迁就政策，他写下了《黑人的灵魂》（The Souls of Black Folk）一书，为即将到来的民权运动储备了学术论据。

作为美国有色人种协进会的创始成员之一，杜波依斯帮助提高了黑人对社会和自我形象的期望。在担任协进会会刊《危机》（The Crisis）编辑20年和联合国创始大会顾问后，他于1961年移居加纳，在华盛顿大游行爆发前夕病逝，享年96岁。

▲ 与布克不同的是，杜波依斯谴责种族隔离。1945年在联合国发表讲话时，他曾呼吁废除殖民主义

伊州报》（Illinois State Journal）刊登了嘲弄春田黑人的种族主义连环漫画，对黑人社区进行大肆攻击："这不是白人对黑人的憎恨惹的祸，而是黑人自身行为不检、群体卑贱或与自由制度水火不容所致。"这次骚乱指向的目标之一明显是当地黑人政党领导人经常聚会磋商的酒馆。

发声

这次暴乱为成立黑人倡导组织美国有色人种协进会（NAACP）铺平了道路。1917年，该组织首任会长穆尔菲尔德·斯托雷（Moorfield Storey）在最高法院成功抗辩称，路易斯维尔（Louisville）市逼迫白人业主签订房产只能卖给白人的契约违反了《美国宪法第十四条修正案》。那年夏天晚些时候，伊利诺伊州爆发的一场种族骚乱导致数十名黑人死亡，数千人无家可归，美国有色人种协进会在纽约第五大道组织了万人静默游行，这是首次在纽约组织此类抗议活动。

那是一个危机四伏的时刻。戴维·沃克·格里菲斯（D.W.Griffith）指导的著名电影《一个国家的诞生》（1915年）普及了黑人的刻板印象，将三K党理想化，导致三K党成员人数很快暴增至300万。在接下来的几年里，数以百万计的南方非洲裔美国人前往北方和新兴的西部。当美国参加第一次世界大战时，超过35万非洲裔美国人在独立成军的有色兵团服役，其中1400人最终成为军官，3个团因英勇作战而被授予十字勋章。当黑人战士退伍回家时，全都昂首挺胸。由于国际纺织品需求激增，黑人佃农的收入终于开始增多。但他们新近展现出来的踌躇满志只会进一步激怒白人种族主义者。1919年的"红色夏天"，白人暴乱分子在全国各地发动了25次骚乱，导致数百人死亡，数千所房屋被烧毁。

▲ 1957年，当州长动用国民警卫队来阻止9名黑人学生就读一所全白人高中时，艾森豪威尔总统不得不向阿肯色州小石城派出联邦军队

▲ 1965年从塞尔玛到蒙哥马利的游行途中，民权运动领袖约翰·刘易斯（John Lewis，中间穿浅色上衣者）遭到州警袭击

▲ 罗莎·帕克斯因拒绝在公交车上给白人让座而被捕。随后381天的抵制行动促使蒙哥马利公交车取消种族隔离

反抗日趋激烈

随着美国进入20世纪20年代，纽约哈莱姆区成为黑人文化的灯塔。在其17.5万居民中有数十位学者和艺术家，他们推动了一场文化大爆发，史称哈莱姆文艺复兴。这一文化现象甚至在克利夫兰和洛杉矶等地都有反响。哈佛大学毕业的"哈莱姆文艺复兴领袖"艾兰·洛克（Alain Locke）称之为将"社会幻灭转化为种族骄傲"的"精神时代的到来"。哈莱姆文艺复兴对美国文学、戏剧、音乐、艺术和舞蹈产生了深远的影响，为黑人提供了一个表达非洲裔美国人经历的平台。毕竟，正是黑人杰西·欧文斯（Jesse Owens）在1936年柏林奥运会上成为第一位赢得4枚金牌的美国人，对希特勒白人至上思想给

予了侮辱性极强的打击。

1941年希特勒横扫欧洲之际，民权运动领袖阿萨·菲利普·伦道夫（Asa Philip Randolph）开始组织10万人向华盛顿进发，要求解除部队中的种族隔离做法。为避免抗议之风四起，罗斯福总统迅速默许并颁布总统行政令，废除国防领域中存在的种族歧视，使得"二战"期间100多万黑人主要作为后勤保障部队继续服役。

"二战"结束后，虽然1952年塔斯基吉（Tuskegee）学院首度报告未发生私刑，但反对种族隔离斗争才刚刚开始。美国有色人种协进会努力解决"隔离但平等"这一原则问题，最终在布朗诉教育委员会案中争取到里程碑式的裁决。鉴于判决先例、对种族隔离不利影响的研究成果

▲ 1958年，俄克拉荷马州的学校教师克拉拉·卢珀（Clara Luper）和13名黑人学生来到午餐餐台前就座，此后拒绝离开，直到有人端来午餐为止。此举为全市取消种族隔离扫清了道路

以及黑人就读学校的糟糕教学质量，最高法院裁决"尽快"取消学校种族隔离。

　　1955年8月见证了迄今为止最臭名昭著的私刑之一。14岁少年埃米特·蒂尔（Emmett Till）因在密西西比州马内（Money）对一名白人女子吹口哨而被拷打、杀害并扔进河里。他的遗体损毁严重，通过手上的戒指才能验明正身。蒂尔的母亲坚持要举行开棺葬礼以向世人表明种族主义者在朗朗乾坤之下都对她儿子做了些什么。尽管举世震惊，但全部由白人组成的陪审团认定凶手清白无辜，而凶手在第二年却向《观察》（Look）杂志低头认罪。

儿童和年轻人被警棍殴打、警犬咬伤的照片赫然见报。

43岁的黑人女裁缝、资深民权行动主义者罗莎·帕克斯（Rosa Parks）也有过类似的遭遇。1955年12月1日在亚拉巴马州蒙哥马利（Montgomery）乘坐公共汽车时，她认出了12年前把她从车上踢进雨中的那个司机和眼前这辆车的司机是同一个人。乘坐公交车对黑人来讲可谓压力巨大。前门付完车费后黑人得从后门上车。司机通常会收完钱便一脚油门扬长而去，让他们根本来不及上车。途中，这名司机命令罗莎站起来把座位让给一名白人乘客，遭到了罗莎断然拒绝。由于被认为捣乱，她遭到逮捕并被罚款14美元。这一事件引发了全市范围内对公交车的抵制，牵头的便是年轻的南方浸礼会牧师小马丁·路德·金（Martin Luther King Jr.）博士。马丁·路德·金博士是一位气吞山河的演说家和民权运动最杰出的领导人，也是致力于非暴力公民抗命的南方基督教领袖会议（SCLC）首任主席。

随着集体民权运动的方兴未艾，许多白人继续反对取消种族隔离的做法。1957年9月，艾森豪威尔总统不得不派遣联邦军队前往阿肯色州小石城，护送9名黑人学生上高中，因为该州州长动用国民警卫队阻拦他们进入校园。

1958年，为抗议俄克拉荷马城午餐餐台实行种族隔离的做法，一名教师带着13名黑人学生走进一家大型杂货店，坐下来等待服务。尽管种族主义分子要求他们离开，向他们大吐口水

并施以拳脚，但他们就是拒绝离开。两天后，一名员工终于把汉堡包递到了他们手上。不久，俄克拉荷马城几乎所有的商店和餐馆都取消了种族隔离。由此，静坐示威席卷全美。在一名反对种族隔离活动人士的房子被炸毁后，纳什维尔（Nashville）市长在市政厅的台阶上当众承认种族隔离是错误行径。

法律与现实生活

尽管最高法院裁定州际旅行设施实行种族隔离属于违法，但当黑人"自由旅行家"对这一规定进行实测时却遭致袭击，其中一辆巴士被扔了燃烧弹。无独有偶，1963年当金博士和南方基督教领袖会议在亚拉巴马州种族隔离城市伯明翰组织和平抗议活动时，他们也遭到了袭击，只不过这次动手的是警察。儿童和年轻人被警棍殴打、警犬咬伤和高压水龙头驱赶的照片赫然见报。直面无情的镇压，他们的尊严也在暴力中战栗。

同年晚些时候，民权运动达到高潮，26万人聚集到林肯纪念堂前，参加"为工作和自由前进"的华盛顿大游行。金博士望着眼前由白人和黑人支持者形成的人海，发表了他无以伦比的演讲《我有一个梦想》。如今，约翰·肯尼迪（John F. Kennedy）的《民权法案》来势迅猛，其继任者林登·约翰逊（Lyndon B. Johnson）也力挺这一法案。1964年7月2日，经过多年的磨难、示威、游行和牺牲，黑人权利终于被写入法律。经过大量艰苦细致的说服协调工作和长达83天的冗长辩论后，《民权法案》终获通过，宣布基于种族、肤色、宗教、性别或民族血统的歧视为非法，同时保障人人都有平等进入公共场所、就业和上学的权利和机会。

第二年，马尔科姆遭到暗杀。为争取亚拉巴

▲ 尽管殊途同归，马丁·路德·金（左）和马尔科姆都为争取黑人权利鞠躬尽瘁，死而后已

马州塞尔玛（Selma）的投票权，金博士发起了一场从塞尔玛行进54英里到蒙哥马利的大游行。此间，500名示威者遭到州警和暴徒的袭击，电视台还为全国进行了现场直播。到最后一天，游行人数已从600人增至2.5万人。他们敦促约翰逊总统支持《选举权法案》，禁止文化测试及其他剥夺黑人选民权利的做法，同时任命联邦登记官监督选举。1964—1969年，登记投票的成年黑人比例从35%上升到65%。1967年还发生了一桩里程碑式的案件，即洛文（Loving）诉弗吉尼亚州案，最终最高法院迫使16个州推翻禁止异族通婚的法规。

1968年4月金博士遇刺一个星期后，约翰逊总统签署了《公平住房法》（Fair Housing Act），全面禁止在住房租金、销售或融资方面的歧视。在《解放黑人奴隶宣言》发表百余年后，这成了争取法律平等之战中的最后一场鏖战，许多人为此献出了自己宝贵的生命。1991年《民权法案》得到进一步修订，但一年后洛杉矶便爆发了骚乱，起因是警察残酷殴打黑人罗德尼·金（Rodney King）。尽管美国最终在法律上取消了种族隔离，但人们普遍认为制度化种族主义仍然死缠烂打，阴魂不散。

自由乐土？

《美国宪法第十三条修正案》或许废除了奴隶制，
但它措辞上的漏洞让美国刑罚体系钻了空子，从此开始打压少数族裔

威尔·劳伦斯

1915年，人们租来囚犯在佛罗里达州
采伐木材，从而为南方农业生产提供了
廉价劳动力来源

▲ 就连被捕的青少年也得在田里干活

据美国司法局数据显示，每17名白人男性中有1人在其有生之年会在监狱度过。鉴于美国自诩为自由乐土，这样的事实就格外令人震惊。

黑人男性仅占美国人口的6.5%，但黑人囚犯占监狱囚犯的40%以上。这与其说叫人震悚，还不如说令人憎恶，从而更加使人信服这样一个观点，即尽管早在150多年前《美国宪法第十三条修正案》就已获得通过，但美国奴隶制依旧变着花样借尸还魂。

1865年1月31日由国会通过、同年12月18日成为法律的《美国宪法第十三条修正案》宣称："在美利坚合众国境内或其管辖的任何地方不得存在奴隶制或非自愿劳役，但作为对定罪

▲ 据美国司法局数据显示，每3名黑人男性中就有1人要在美国坐牢

黑人男性仅占美国人口的6.5%，但黑人囚犯占监狱囚犯的40%以上。

犯人所犯罪行的惩罚而采取的手段除外。"评论家和民权倡导者们认为"作为对定罪犯人所犯罪行的惩罚而采取的手段除外"这一量刑条款是一个危险的漏洞。他们言之凿凿地指出，该条款从修正案通过的那一刻起就被别有用心的人所利用。

美国内战结束后，奴隶制的废除让南方经济陷入低迷。作为战败州经济体系基石的种植园坐失劳动力，促使大多身为种植园主的南方立法者和决策者在利益攸关方游说的影响下，同时也是出于自身的根深蒂固的偏见，立即着手为解放的黑人定罪。

于是，被指控犯有流浪和游荡等轻微罪行的黑人遭到成批逮捕。一旦拘留收监，他们就得再次开始劳役，自由琼浆尚未尽情啜饮便已蒸发殆尽。

罪恶之举并未止步于此。对黑人的大规模逮捕助长了黑人犯罪谣言的散播，并很快在美国各地蔓延开来，甚至连那些没有雇用奴隶、对事实真相知之甚少的州都无人不晓。

这在1915年戴维·沃克·格里菲斯执导的电影《一个国家的诞生》中得到了充分体现。该片对黑人男性进行了妖魔化，将他们视为对白人纯洁性的极度威胁。这部电影因独特的电影语言和创新技法而备受赞誉，但就其内容而言完全不能令人接受。黑人为了躲避南方的偏见而出逃，这部电影却污染了南北方各州白人的思想。

从另外一个角度讲，这部电影助纣为虐，助推了三K党的复活。燃烧十字架的象征性做法从来都不是三K党仪式的一部分，但格里菲斯把它作为一个令人震撼的电影形象推介出来，时至今日仍为白人至上运动所采用。

自美国重建时期至第二次世界大战爆发这段时间，见证了白人暴徒对黑人男性无数次的私刑和谋杀，对此有大量报纸登载的新闻照片为证。此外，种族隔离和吉姆·克劳法也侵蚀了黑人民众的自由。1955年8月，少年埃米特·蒂尔惨遭杀害是一个转折点。他开棺葬礼的照片公之于众后，重新点燃了轰轰烈烈的民权运动。

然而，关于黑人犯罪的说法已经不胫而走，就连美国历史上的政治中立派也开始与有色人种作对。1964年7月2日，林登·约翰逊总统签署通过《民权法案》之时，恰逢犯罪率急剧攀升，因此，将《民权法案》等同于公民权利和黑奴自由并不正确。

事实上，20世纪60年代中后期婴儿潮一代开始步入成年。人口数量成为犯罪活动激增背后的决定性因素。简言之，人越多犯罪率就越高。

为应对犯罪率飙升，1969年上台的尼克松总统宣布"法律和秩序"时代，也就是后人所称的"狗哨政治"时代的到来，即在不具体说明的情况下，通过使用编码暗语来求得南方各州的支持。

▲ 诸如亚拉巴马州亨茨维尔（Huntsville）附近的莱姆斯通（Limestone）县劳改所里由少数族裔组成的劳改队，仍然是美国惩教系统的一部分

▲ 2015年，为强调监狱改革的必要性，巴拉克·奥巴马（Barack Obama）成为首位访问惩教机构的在任美国总统

尼克松称毒品是"头号公敌"，对相对低级的毒品罪犯实行大规模监禁。

自由左派因持有大麻而受到攻击，黑人因吸食海洛因也没能幸免。20世纪监狱在押犯人数量一直比较稳定，但1970—1980年10年间却从35.7万激增至51.3万。木已成舟，无法挽回。

20世纪80年代，浮出水面的"快克"高纯度可卡因（crack cocaine）成为美国的眼中钉、肉中刺。它比"白粉"更加便宜，更容易上瘾，更不为社会所接受，给白人、黑人和拉丁美洲人较为贫穷的社区造成了严重危害，进而促成了强制性判决的引入。

与"快克"作战是对特定阶层的打击。拥有1盎司"快克"的量刑与拥有100盎司可卡因的量刑相同，但富裕的白人与贫穷的黑人相比，黑人更有可能沦为同罪不同刑的牺牲品。到1985年，监狱在押犯人数量已跃升至76万左右。

10年后，这一数字几乎飙升到了120万，因为即使是美国政治体系中较为自由的一派也需要表现出对犯罪的严厉态度。1994年，民主

▲ 电影《一个国家的诞生》让三K党在20世纪初期的美国死灰复燃

党总统比尔·克林顿（1993—2001年）签署了《犯罪法案》（Crime Bill），其中包括联邦政府支持的"三罪并罚"条款，即对有两次前科（含毒品犯罪）并再次犯有暴力重罪的罪犯强制执行终身监禁。

该法案见证了监狱系统的急剧扩张和警察部队的军事化，即使是面积不大的城乡结合部也配备了特警部队。该法案还积极鼓励监禁，抓捕最脆弱的美国公民，对有色人种抱有极端偏见。到2000年，美国监狱在押犯人已逾200万。

4年后，这一数字激增至230余万，迅速推动了所谓美国监狱工业综合体的发展。这并非什么新概念，但随着人们将美国囚犯人数的快速增长归因于靠山吃山的私营监狱公司和企业的政治影响力，人们对监狱工业综合体的认识也在不断加深。

构成监狱工业综合体的私营公司负责建造并运营监狱。为确保自己的投资安然无恙，他们要求监狱设施必须完备。因此，不足为怪的是，这些公司想方设法要去左右政策，而由政商两界翘楚组成的美国立法交流委员会（ALEC）恰好给了他们参与制定公共政策的机会。该委员会为美国大企业提供了推介立法理念的机会，然后政商领袖们进行平等投票。如果获得通过，则政界巨头负责将法律意见提交给国会。

诸如沃尔玛和可口可乐这样的公司都是立法交流委员会会员单位，此外还有美国惩教公司（CCA或Corescivic）。惩教公司是立法交流委员会的长期会员单位，如今自称为"全美领先的高质量惩戒和拘留管理提供商"。2010年，美国国家公共广播电台（NPR）的精彩报道爆料惩教

公司如何利用其对立法交流委员会的影响力，从亚利桑那州参议院1070号法案中大捞一笔。该法案是美国有史以来通过的最严格的反非法移民措施。亚利桑那州非法移民被拘留在惩教公司的设施中，对该公司来说意味着每月有1100万美元的惊人进项。

遭到国家公共广播电台曝光后，惩教公司离开了立法交流委员会，但监狱工业综合体的其他会员单位仍在，比如美国保释公司（ABC）。批评人士指出，放宽假释法律的目的旨在让保释公司而不是那些获释者从中更多受益。

无论是否是立法交流委员会会员单位，许多公司都能从囚犯免费劳动中获得巨大利益。波音、微软、杰西潘尼（JC Penney）、维多利亚的秘密（Victoria's Secret）等公司和美国军方都在利用囚犯制造劳改产品以降低成本，实现利润最大化。他们是罪与罚的受益者。

囚犯免费劳动与奴隶劳动堪有一比，但奴隶制比任人宰割的苦役承载得更多。去人性化的奴隶制压制并剥夺受害者的权利，而囚犯仍可重获自由，唯一的顾虑便是精神上的"红字"，即使获得释放，它也会永远钉在重刑犯的生命中。

重刑犯可能会暂时或永久失去投票权，这点因州而异，而大多数罪犯则称获释后找工作困难重重。

吉姆·克劳法仍时常在美国作祟，自由之地并没有废除其种族种姓制度，无非只是重新进行了包装。《美国宪法第十三条修正案》赋予被奴役者以自由，但也在复杂且残酷的历史进程中对自由施虐，而那段历史至今仍在重演。

媒体作用

本篇文章的灵感和援引的证据均来自艾娃·杜维奈（Ava DuVernay）执导的美国纪录片《美国宪法第十三条修正案》（13th，2016年）。该片是一次对美国种族、正义和大规模监禁入木三分的面面观，荣膺奥斯卡最佳纪录片提名和黄金时段艾美奖优秀纪录片，从而奠定了其作为美国奴隶制媒体史上一块重要基石的地位。

电影制作是现代媒体最具影响力的工具之一。目前，有大量优秀的非虚构电影记录了美国少数族裔社区遭受的不公正待遇。

在大众媒体的早期，尽管有记载的奴隶制历史无法与《一个国家的诞生》这样影片的大肆推广宣传相抗衡，但它仍然能让公众对奴隶制带来的灾难感同身受。19世纪，自传和奴隶叙事著作陆续面世，比如弗雷德里克·道格拉斯的作品；此外还有出版的照片，比如展示奴隶戈登背上累累疤痕的照片。

世纪之交，印刷媒体和电视摄像机迫使美国面对仍生活在恐怖之中的黑人群体。1955年少年埃米特·蒂尔葬礼上的影像和公开照片演变成了民权运动诞生的主要催产素，因为骇人听闻的警察暴行画面逼迫美国公众不得不直面黑人遭遇的不平等。

当代手机、相机令这一问题再次大白于天下。警察杀害奥斯卡·格兰特（Oscar Grant）和埃里克·加纳（Eric Garner）的镜头，只是纪录片《美国宪法第十三条修正案》信手拈来的两个实例。这样的例子俯拾皆是，惨不忍睹。2020年乔治·弗洛伊德（George Floyd）遭跪压致死与2014年加纳事件如出一辙。各种形式媒体的作用就是要保持高光，聚焦罪恶。

FROM SLAVE TO CRIMINAL WITH ONE AMENDMENT

13TH

OCTOBER 7

▲ 艾娃·杜维奈拍摄的纪录片《美国宪法第十三条修正案》

图片所属